Edición por La Revista CR, medio digital de comunicación y Eugenio Herrera Balharry de la obra "Los alemanes y el Estado cafetalero" en su primera versión digitalizada.

San José, Costa Rica, diciembre del 2022

https://www.larevista.cr
Info@larevista.cr

NOTA EDITORIAL

La obra Los alemanes y el Estado cafetalero, de Eugenio Herrera Balharry fue escrita hace 37 años. Hoy se publica esta nueva edición digital, considerando que la temática sobre la clase política y las migraciones en Costa Rica son temas aun poco estudiados y de gran vigencia. Con este libro se pretende contribuir a la investigación científica en las ciencias sociales y a la divulgación de los avances alcanzados por la ciencia política nacional.

Diciembre del 2022.

Primera Edición:
Editorial Universidad Estatal a Distancia San José, Costa Rica, 1988,
Universidad Estatal a Distancia San José, Costa Rica.

972.86
H565a Herrera Balharry, Eugenio
Los alemanes y el estado cafetalero / Eugenio Herrera Balharry; pról. de Samuel Stone.
— 1. ed. — San José, C. R. : EUNED, 1988.
248 p. : il. ; 21 cm.

Incluye bibliografía y anexos
ISBN 9977-64-405-5

1. Alemanes en Costa Rica. 2. Café - Costa Rica. 3. Café - Industria y comercio. 4. Costa Rica - Historia - Siglo XX. 5. UNED - Costa Rica. I. Título.

Impreso en Costa Rica en el Departamento de Publicaciones de la UNED.

A Sofía, mi esposa

Agradecimiento

El autor desea expresar su agradecimiento al Dr. Samuel Stone Z, por sus orientaciones de carácter teórico y metodológico. También a los señores Carlos Carranza Villalobos y Joaquín Alberto Fernández Alfaro, asimismo hace extensivo su reconocimiento a las siguientes personas e instituciones que con su colaboración contribuyeron a la realización del presente estudio: Sra. Carmen Aguilar, Dr. Francisco Barahona Riera, Sra. Marina Balharry de Herrera, Srta. Christine Boving, Sra. Ana Leonor Carazo Alfaro, Dr. Rodolfo Cerdas Cruz; Sr. Roberto Corella Fuente, Dr. Jaime Daremblum Rosenstein, Lic. Hernán Esquivel Salas, Lic. Luis Perrero Acosta, Sr. Wolf Hangen Korbach, Sr. Harry Jager C., Sr. Joaquín Jiménez, Lic. Eugen Kaiser, Lic. Sigurd Koberg van Patten, Sr. Alfredo Kruse Lauenstein, Sr. Antonio Lehmann Struve, Sra. María Monterrey Reyes, Srta. Rita Muñoz Sibaja, Lic. Rodrigo Madrigal Montealegre, Licda. Gertrud Peters Solórzano, Dr. Oresthe Plath, Sr. Pedro Parra Sanhueza, Sra. Hilda Rodríguez de Aguilar, Sr. Olman Rojas Rojas, Licda. Lila Sintes Invernizzi, Dr. Amaury de Souza, Sr. Moisés Solano Mojica, Dra. Regine Steichen, Lic. Cristian Tattenbach Yglesias, Dr. Constantino Urcuyo Fournier, Dr. Jorge Urbina Ortega, Lic. Rafael Villegas Antillón, Escuela de Ciencias Políticas de la Universidad de Costa Rica, Centro de Investigación y Adiestramiento Político Administrativo (CIAPA), Ministerio de Cultura, Juventud y Deportes, Biblioteca del Ministerio de Relaciones Exteriores, Dirección General de Estadística y Censos, Comité Intergubernamental para las Migraciones Europeas (CIME), Biblioteca de la Universidad de Costa Rica, Biblioteca Nacional de Costa Rica, Biblioteca del Instituto Centroamericano de Administración Pública (ICAP) en San José, Biblioteca del Instituto Centroamericano de Administración de Empresas (INCAE) en Managua, Biblioteca

Nacional de Chile, en Santiago, Biblioteca de la Fundación Getulio Vargas, en Río de Janeiro.

E.H.B.
San José, diciembre de 1981.

A manera de prólogo

Con esta obra de Eugenio Herrera Balharry sobre los alemanes y la política en Costa Rica, estamos frente a cuestiones relacionadas, no con un intervencionismo extranjero en la política nacional, sino que con problemas de valores de grupos de extranjeros que por el origen social, económico y político de sus miembros, emigran de sus países natales para establecerse allí y olvidar el mundo que dejaron atrás. Los motivos de su odisea varían, pero realmente eso no es lo que importa. Lo que sí tiene sustancia es su contribución al progreso de las nuevas culturas que tratan de compenetrar, así como las maneras en que logran acomodarse a su gusto.

El libro de Eugenio Herrera concierne a un significativo aporte de valores ajenos —en este caso alemanes— al sistema político nuestro. Francia y los mismos Estados Unidos también lo han hecho, pero en otras formas. Así como el alemán ha actuado como participante directo, el de los otros dos países lo han hecho, o bien por la vía de la intervención directa, o bien porque nosotros, al igual que el resto de Centro América, hemos cometido el error de tomar como modelo, entre otras cosas, a sus constituciones.

La contribución alemana al enriquecimiento de nuestro sistema político vino, en su forma embriónica al menos, a través del matrimonio entre los dos. Eso es lo que analiza Eugenio Herrera en sus trabajadas páginas y de ahí que tenga sentido la anotada frase de Oliver Wendell Holmes en donde se esconde al menos parte de la curiosa odisea de los alemanes hacia nuestro país. Es muy posible que el primer grupo que llegó a constituirse en el país se estableciera como colonia,(2) pero luego, con el auge del cultivo del café, sería de esperar, que se convirtiera en una minoría a la par de otras como la inglesa, la italiana, la china y muchas más. Con los alemanes, empero, ocurrió lo que no sucedió con los otros: compenetró el sistema económico, político y social, en gran medida por la vía del matrimonio, y, cabe recalcarlo, en las más altas esferas de la sociedad nacional. Logró esto hasta el punto de dejar de ser minoría, ya que ésta, por definición, es aquella agrupación que se siente distinta del resto de la población. Ello conduce a pensar en una frase de Goethe que reza que el "mayor mérito del hombre consiste en determinar... las circunstancias, y no dejar... que las circunstancias lo determinen a él". (3) A primera vista, el desenvolvimiento de tal postura sugeriría la presencia en los alemanes de actitudes fríamente conjeturadas y casi calculadoras. Llegara un país extraño en todo sentido y entroncarse, en muchísimos casos que Eugenio Herrera, de manera hábil nos demuestra, que no puede ser ni obra fácil ni mera coincidencia. Es decir, no es cosa de "chiquillos", aunque prensándolo bien y en otro sentido, tal vez allí podamos encontrar el meollo del asunto.

El desparecido economista y sociólogo austríaco, Joseph Schumpeter, al reflexionar sobre una teoría para interpretar el funcionamiento de las clases sociales en un ambiente étnicamente homogéneo, llega a una importante conclusión. (4) Al analizar a la familia Hohenstaufen, que ejerció una marcada preponderancia en Alemania durante alrededor de dos siglos, observa que ello fue posible, entre otras razones, gracias a una tácita pero clara política de matrimonio entre sus miembros. Subraya que tal proceso ocurrió en un ambiente étnicamente homogéneo, dado que el alemán ha estado logrando algo parecido en un ambiente étnicamente heterogéneo. El punto a señalar, empero, es el de la existencia en Costa Rica de un ambiente donde entra en juego una política de matrimonio al interior de un grupo de familias que mandan.

En otra parte, hemos analizado en cierto detalle la presencia de una agrupación de familias costarricenses, descendientes de los primeros conquistadores e hidalgos de la época colonial, que han detentado el poder político hasta nuestros tiempos,(5) y aquí Herrera ha demostrado con claridad que ha sido precisamente con estas familias que los alemanes han logrado entroncarse. Ello conduce a pensar en la naturaleza (y en las formas de manifestarse) de la "política" de matrimonio en dicha dase costarricense. Por ejemplo, no es raro oír a dos madres conversando sobre sus hijos y pedirle una a la otra, aparentemente en broma, que le guarde uno de sus hijos para una hija suya. Lo significativo de tal comentario, sin embargo, es que de broma no tiene nada. Al contrario, inicia un proceso que con pequeños pero constantes empujones, desemboca con facilidad en lazos matrimoniales. De tal manera y gracias a ciertos acontecimientos sociales, se observa que la referida "política" surte el efecto deseado. Lo más notable de ello es que la mujer pareciera ser quien juega el papel más importante. De ahí que revista mayor significado la citación al principio de este prólogo. El alemán tuvo la voluntad de abandonar su tierra natal, de atravesar los mares, de establecerse en un país extraño, de cultura y hasta de lengua distinta a la suya, y habiendo hecho esto, de escoger los más altos rangos de la sociedad nacional para penetrar el nuevo sistema a través del matrimonio. La pregunta que aquí cabe, y va en serio, es que si él escogió, o que si de alguna manera y gracias a la "política" que hemos mencionado, lo escogieron a él.

Finalmente, este trabajo lleva al lector a reflexionar sobre las diferencias entre los temples y entre los caracteres de los distintos grupos étnicos que se han establecido en Costa Rica. El alemán ha buscado formar parte de la sociedad nacional compenetrándola en sus más altas esferas sociales y por ende políticas. Esto sobresale en la obra. El norteamericano, quizás por la naturaleza de sus empresas económicas (pensamos principalmente en el cultivo del banano), queda reducido a su enclave y desarrolla muy poco contacto con la sociedad nacional, salvo en cuanto a asuntos oficiales que atañen a su actividad económica. El francés y el inglés tienden a buscar a sus conciudadanos, aunque sí a relacionarse extra-matrimonialmente con los altos estratos. Algo parecido ocurre con el italiano (aunque apunta más bajo) y el chino, que si en tal sentido ha apuntado más bajo que todos, se ha integrado muy ampliamente.

Eugenio Herrera ha logrado enfrentar con éxito uno de los menos estudiados temas en Costa Rica. Abre nuevos senderos de investigación para otros y contribuye así a dotar de mayor riqueza a nuestro patrimonio nacional.

Samuel Stone

San José, diciembre de 1981

NOTAS

1. Supondríamos que en forma de colonia cerrada.
2. Goethe, J. W., Wilhelm Meinsters Lehrjahre, IV, 1975.
3. Schumpeter, Joseph A., Imperialism and Social Classes, (New York, The World   Publishing Company, 1966).
4. Stone, Samuel, La Dinastía de los Conquistadores, (San José, EDUCA, 1975).

"Una curiosa característica del grupo es que sólo hay una forma de ser miembro de él: serlo. Para ello hay sólo dos vías de ingreso. Una es el nacimiento y otra el matrimonio".

Binayan Carmona

Introducción

"Todos los politólogos —inclusive los que desean llamarse political scientists— buscan exactamente lo mismo, porque de acuerdo con el aforismo pascaliano, no lo buscarían si ya lo hubieran encontrado."

Marcel Prelot

La presente obra tiene por objeto analizar las relaciones que se dan entre la clase política costarricense, entendida como el grupo social compuesto por familias establecidas en el período colonial, que se han mantenido unidas mediante el matrimonio y que han ejercido a través de cuatro siglos el poder político –como bien lo señalan los estudios de Samuel Stone- y grupos extranjeros que con posterioridad se incorporan a la sociedad costarricense. De esta relación interesa conocer los procesos inmigratorios que se dieron en Costa Rica —y en particular la integración del grupo alemán— y su participación en el ámbito político nacional.

Se estudia en forma general las migraciones internacionales y las repercusiones que han tenido para el país en lo poblacional y en otros aspectos propios de la sociedad.

El inmigrante alemán será objeto de análisis tomando en cuenta su relación con la actividad cafetalera —pilar de la economía costarricense— y el papel que han desempeñado en otros sectores productivos, importantes para el progreso del país.

El alemán, como se dijo, será el elemento central. A través de su estudio se espera determinar y explicar todos aquellos aspectos relevantes para la Ciencia Política, interesada en el conocimiento del Estado y de la organización social. La naturaleza de esta última como forma de vida social, enmarca los límites del presente esfuerzo.

Costa Rica —al igual que los demás países americanos— experimentó un largo proceso en torno al crecimiento de su población. Ese proceso trajo diversas corrientes- migratorias de las cuales la más importante fue la española por haber sido la que protagonizó el descubrimiento y la colonización del nuevo mundo, estableciendo las bases para el nacimiento de las actuales Repúblicas independientes.

De acuerdo con lo dicho, los españoles descubrieron y colonizaron Costa Rica. Desde su arribo tuvieron acceso al poder político y sus descendientes heredaron el carácter de clase política que se conservó a través del parentesco.

La producción del café posibilitó el desarrollo económico y social del país. Costa Rica ingresó al mercado mundial facilitándose la consolidación de su sistema institucional de corte liberal que estructuró los caracteres de la sociedad nacional. La clase política que se afianzó con el café, logró preponderancia en gran parte de la historia costarricense pero, empieza a decaer con la paulatina disminución de su predominio económico en el siglo XX al surgir nuevos grupos económicos dedicados a otras actividades productivas, que reclaman poder político y pretenden el desplazamiento de los sectores tradicionales que, desde hacía varias décadas, desempeñaban importantes funciones políticas y económicas.

Si bien los españoles predominaron desde un comienzo en el proceso inmigratorio, poco a poco aparecen en escena otros grupos de inmigrantes. Estos últimos se integran gradualmente a la vida nacional —económica, social y políticamente— reclamando participación en las decisiones políticas.

Históricamente, bajo el gobierno español se establecieron ciertas restricciones en cuanto a los movimientos migratorios. Se cerraron las puertas a todos aquellos que pudieran perjudicar la hegemonía peninsular. Pero, una vez alcanzada la independencia política, la situación cambió. Se rompieron los antiguos marcos restrictivos; se dio libertad de comercio; se permitió el libre tránsito de personas; surgieron cambios políticos de gran importancia, entre ellos libertad de ingreso a los extranjeros, conocimiento de las nuevas corrientes de pensamiento surgidas en Europa, fundación de instituciones gubernamentales, ampliación de las relaciones internacionales y modernización interna de cada Estado.

Al obtener Costa Rica su independencia, se ve obligada a forjar su propio futuro. Se establecen los lineamientos que serán la base para el modelo político y económico que le permitirá subsistir independientemente de cualquier otro imperio o nación; o sea, que integren los recursos humanos y materiales de que se dispone, tomando en cuenta también a las personas que vienen de otras latitudes, para construir y fortalecer juntos las bases del nuevo Estado.

La inmigración en su inicio tiende a ser poblacionista. Se dirige a la colonización agrícola con el fin de poblar regiones escasas de habitantes e improductivas. Sin embargo, con el transcurso de los años se convertirá en inmigración desarrollista, dirigida a promover más que nada el desarrollo económico, cultural y social, tomando así un giro más cualitativo al adaptarse a las necesidades propias del país y de la época.

Desde la independencia se ha considerado al inmigrante como elemento necesario para el proceso de desarrollo, fundamentalmente tomando en cuenta los recursos materiales y técnicos que puede aportar al avance y al progreso del país en todos los campos. El inmigrante que procede de culturas tecnológicas más avanzadas —como el alemán—, desarrolla nuevos métodos y sistemas de producción. Es parte vital en la importación de tecnología. Contribuye no sólo al mejoramiento económico sino al social, incorporando sus conocimientos y experiencias a los elementos característicos del país que los acoge.

Por las razones anteriores, el orden político, económico y social de Costa Rica determinó las posibilidades de participación, convirtiendo al extranjero en ciudadano, permitiéndole actuar en la vida cívica e integrándolo al medio dentro de marcos definidos, en una relación recíproca individuo-sociedad, donde la igualdad formal de derechos políticos y sociales no le nieguen el ascenso en la sociedad costarricense.

Como se apuntara, en un comienzo hubo predominio de las corrientes españolas. Conforme se fue desarrollando la historia política se produjeron ciertos cambios que favorecieron la llegada al país de otros grupos; entre ellos los alemanes. Estos se han destacado en cuanto a su proyección en aspectos económicos, sociales, culturales, religiosos y políticos. Tal no ha sido el caso de otros grupos de extranjeros, como los norteamericanos, ingleses, franceses, asiáticos o caribeños, por mencionar algunos, quienes comparativamente juegan papeles menos preponderantes que los alemanes. Por esta razón interesa estudiarlos, en tanto que, en conjunto con el total de los habitantes de Costa Rica, conforman de uno u otro modo la nacionalidad costarricense.

Uno de los puntos que servirán de base al estudio, es la importancia de la actividad cafetalera, como eje y pilar del sistema económico costarricense, que da lugar al surgimiento y consolidación de una clase política. A través de ésta los alemanes llegan a alcanzar ciertos puestos de importancia en la toma de decisiones a nivel gubernamental, así como en otros niveles y áreas de poder.

El lugar ocupado por los alemanes en los centros de poder puede estar relacionado con su posición en las estructuras sociales, económicas, culturales, religiosas y políticas del país. Ella se basa en sus relaciones con la clase política, consolidada por vínculos conyugales. Estas relaciones les permiten alcanzar estatus suficiente para participar en la toma de decisiones a nivel institucional. Se verá también el porqué son aceptados por la clase política, en razón de los factores que caracterizan la economía y sociedad costarricense del siglo XIX y principios del XX.

Se analizará la participación de los alemanes en el Estado — poderes ejecutivo y legislativo principalmente — destacando a aquellos que se han desempeñado como Presidentes,

Vicepresidentes, Ministros, Viceministros, Presidentes del Congreso, Diputados, Diplomáticos y, más recientemente como Directores de instituciones públicas.

Se contemplarán otros centros de poder: la Iglesia, los partidos políticos y los grupos de presión. Entre estos cuentan las cámaras, las asociaciones, colonias, clubes, sindicatos y otros. Se tendrán en cuenta las personas de origen alemán que actúan como dirigentes, candidatos, Obispos, etcétera.

Se buscará determinar e identificar las diversas corrientes inmigratorias procedentes de Alemania así como el impacto que producen en el ámbito costarricense, en cuanto a su aceptación y asimilación dentro del sistema político. Todo enmarcado dentro de una realidad económica y política, establecida desde el siglo pasado y regida por un grupo de la sociedad que se ha ido transformando y evolucionando, en cuanto a la importancia que en el rol político ha desempeñado a través de la historia.

La obra se ha dividido en cinco capítulos. El primero titulado "Las migraciones humanas", trata en forma general las migraciones externas y sus repercusiones para los países del Nuevo Mundo; el segundo, "Las migraciones en Costa Rica", versa sobre aspectos poblacionales, económicos y políticos de Costa Rica, haciendo un poco de historia de la migración externa y tratando la inmigración alemana en mayor detalle; el tercero, "Los alemanes en Costa Rica", se refiere a la venida de estos inmigrantes, a los períodos históricos en que hacen su venida aj país y a las actividades por ellos desarrolladas; el cuarto, "Los alemanes y el Estado cafetalero", analiza las relaciones de poder y la conformación de la clase política en torno a la actividad cafetalera, la integración de los alemanes a la clase y su papel político en la toma de decisiones, en el capítulo quinto, se resumen las "Conclusiones" en cuanto a la importancia de las migraciones externas para Costa Rica, el surgimiento y consolidación de la clase política , por último en la parte de "Anexos", se incluyen además de genealogías y cuadros estadísticos, el relato del viaje de la familia Rohrmoser a Costa Rica. Todo, a la luz del estudio del inmigrante en su relación con el poder político y como persona que ha esperado hacer de Costa Rica su patria.

CAPÍTULO I: Las migraciones humanas

"Dentro de la tesis liberal, el hecho migratorio se encuentra imbuido dentro de un derecho natural o consustancial a la naturaleza humana, asimilándose por ello el derecho a emigrar a una facultad irrestricta. "(1)

El hombre es un buscador perenne e insatisfecho de su libertad. La lucha por alcanzarla es el sustento máximo de la historia de la humanidad. En su búsqueda se ha visto enfrascado en terribles conflictos y obligado a grandes desplazamientos. Su naturaleza espiritual lo ha convertido en un incansable viajero llamado inmigrante.

Perseguido en su libertad, opta por la rebelión o la migración. Esta lo induce a ubicarse en tierras lejanas en las que, por simultaneidad social y política de su naturaleza, se ve obligado a incorporarse a las estructuras sociales y políticas constituidas o, en ausencia de éstas, a crear formas de organización humanas que vendrán, con el tiempo, a constituirse en los elementos primarios de una nueva colectividad social.

El presente estudio del movimiento migratorio estará centrado, fundamentalmente, en el aspecto cualitativo, importando el hombre como ser individual que actúa dentro de una organización social y se desenvuelve en ella, motivado por su pensamiento, valores, intereses y cultura.

Se considera de relevancia mayor la relación, incorporación y participación de estas personas, ubicadas dentro de las estructuras social, económica, cultural, religiosa y/o política, de las sociedades en que ha decidido integrarse adoptándolas como su patria.

Por tal motivo, no se entrará en un amplio y detallado análisis cuantitativo acerca de las migraciones internacionales que sería incapaz de reflejar los aspectos inmanentes a la naturaleza propia del ser humano, germen de la vida política, que se estructura en respuesta a los requerimientos de sociabilidad del individuo y la necesidad de participar con sus congéneres en la construcción de un mundo mejor encima de las fronteras.

Algunos conceptos y aclaraciones

Con el fin de lograr una mayor comprensión del tema a tratar, seguidamente se hará un detalle acerca de algunos conceptos elementales en el análisis de las migraciones.

Las migraciones serán definidas como los movimientos y desplazamientos de seres humanos; ellos constituirán flujos migratorios cuando las personas procedan de un mismo lugar de origen y se dirijan a un punto de destino común.

Estos desplazamientos de población, así como su periodicidad, obedecen a diversas razones, sean estas económicas, sociales, culturales, religiosas y/o políticas.

Entre los tipos de migraciones se distinguen las migraciones externas y las internas. Las primeras se dan a nivel internacional y constituyen desplazamientos de nacionales de un país a otro; las internas se dan dentro de las fronteras de un Estado.

Las migraciones internacionales han movilizado grandes conglomerados humanos, produciendo numerosos y agudos cambios tanto en los países emisores —de donde salen— como también en los países receptores, adonde llegan.

Este estudio tratará sobre las migraciones internacionales, y se buscará determinar el origen que tienen, como también las consecuencias que causan en los países afectados por ellas, poniendo énfasis en los aspectos políticos.

Como emigrante se denominará al individuo que sale de un Estado o región para radicarse en otro —en forma permanente o temporal— mientras que el inmigrante es el individuo que llega del exterior y tiene como fin permanecer en un nuevo Estado o región.

Por inmigrante permanente se entenderá aquel que decide radicarse en forma definitiva en otro Estado; su motivación, por lo general, es la búsqueda de un mejor ambiente social, mayor igualdad, prosperidad económica, realización de aspiraciones, escape de gobiernos despóticos, mejoras en el estatus social y libertad de culto.

Alberts, al tratar de explicar los motivos que inducen al individuo a emigrar señala que:

> "La persona o grupo de personas consideran que es imposible o difícil lograr en su lugar de residencia ciertos objetivos correspondientes a algún nivel de necesidad. Por otro lado, queda en su conocimiento o piensan que en otro lugar la situación es diferente. La decisión para migrar, entonces, es el resultado de factores de rechazo y de atracción evaluados dentro del sistema normativo de la estructura social."[2]

Por inmigrante transitorio se designará a los que se radican en forma temporal en otro Estado. Su fin es la capacitación profesional; la obtención de reconocimiento y mayor estatus social a su retorno; la observación e internacionalización de sistemas y métodos de operaciones industriales, comerciales y/o financieros; o el cumplimiento de misiones oficiales de gobiernos u organismos internacionales.

Se hará distinción entre migraciones poblacionistas y desarrollistas, definiciones que se aclaran al estudiar la evolución histórica de las mismas. Más adelante el tema se tratará con mayor detalle.

No se estudiará en forma minuciosa la inversión extranjera y sus vinculaciones con el fenómeno migratorio contemporáneo, tema que, por su complejidad, podría desviar el estudio hacia otros rumbos.

Otro de los aspectos que justifican el tratamiento del tema, es la necesidad de determinar y comprender cómo los inmigrantes llegan a establecerse, integrarse y participar — voluntariamente o no— en una serie de actividades desarrolladas, en el seno de la comunidad y que, a menudo, culminan en el aspecto político en su influencia en el proceso de toma de decisiones.

Hacia una explicación historica de las migraciones

El continente europeo ha sufrido importantes desplazamientos de población, contándose entre los más importantes, los vinculados con la expansión del Imperio Romano y otras formaciones políticas que vendrían a imponerse a través del tiempo. Tales como la presencia de los Hunos y otros pueblos nómadas de Mongolia; las migraciones árabes y su influencia en Egipto, norte de África, España y Hungría; las migraciones turcas a Asia Central y Asia Menor; las invasiones de Jenghig Khan al este de Europa, todas ellas en la época medieval de la historia de la humanidad. (3)

En el curso de los últimos cuatro siglos, en América, Oceanía, el norte y centro de Asia y parte de África, el hombre europeo ha instalado asentamientos humanos movido por fines políticos, económicos y religiosos, reflejando allí su modo de vida y transformando importantes aspectos en el orden organizativo y productivo, sentando caracteres raciales, étnicos y lingüísticos.

La emigración europea a América Central y del Sur, a partir del descubrimiento —fundamentalmente española y portuguesa— tendrá cierta continuidad hasta la declaración de independencia política de los pueblos bajo dominio imperial, a principios del siglo XIX. Individuos casi exclusivamente de esas nacionalidades venían a cumplir funciones político administrativas, militares, religiosas o de carácter comercial; propiciando las autoridades la migración espontánea a fin de poblar y asentar en estos territorios el poder de la corona.

"Desde el punto de vista de la inmigración se alentaba, básicamente, la inmigración espontánea y ésta operaba en función de un doble condicionamiento. Por un lado, la motivación personal del inmigrante, promovida por distintas causas que operaban para el abandono de su lar patrio y, o por otro, los atractivos que ofrecía el país de recepción. La inmigración, como hemos dicho, era la búsqueda de la buena tierra, como símbolo de libertad y América fue propicia a esa ansia de cambio espiritual y material."(4)

En cuanto a la inmigración en Norte América, hay que destacar que el país contaba en 1790 con una población de 4 millones de habitantes, llegando a alcanzar en 1958 más de 120. En 131 años se produjo un flujo migratorio de cerca de 40 millones de personas, de las cuales 33 millones eran europeos (5), base de la población estadounidense.

Por otra parte, entre 1800 y 1940, cerca de 52 millones de personas abandonan su tierra natal en el viejo continente, para dirigirse hacia América más de la mitad de ellas.

En la historia de las migraciones se distinguen varias etapas: en la primera mitad del siglo XIX, los ingleses y alemanes ocupan los primeros lugares sobre otros países en cuanto al número de emigrantes. Ya en la segunda mitad de dicho siglo y primer cuarto del siglo XX, el flujo inmigratorio disminuyó, pues los Estados europeos tomaron medidas restrictivas que les permitieran mantener en el continente la mano de obra necesaria para atender la demanda generada por la industrialización y modernización de los medios de producción.

Después de la Segunda Guerra Mundial, la migración internacional adquirirá nuevos caracteres. Las nuevas fronteras y Estados, la división de territorios, provocará el desplazamiento de más de 8 millones de hindúes y pakistaníes y cerca de 4 millones de japoneses.

En la misma época, se crea el Estado de Israel, acogiendo a gran parte del pueblo judío procedente de Europa, Medio Oriente y otros países. Australia abre sus puertas a la inmigración —

poblacionista y selectiva— y, por su parte, Europa Occidental recibe inmigrantes procedentes de las costas mediterráneas y del norte de África.

América Latina presenta a través de su historia el siguiente panorama:

Brasil: en tiempos de las migraciones impositivas recibe cerca de 10 millones de africanos para trabajar en labores agrícolas; posteriormente, entre 1820 y 1940 llegan más de 5 millones de inmigrantes a raíz de la expansión de la industria cafetalera. (6) También lo hacen 100 mil inmigrantes en el período 1952-1958, procedentes de diversos países. Por otra parte, la inmigración japonesa producida entre 1908 y 1975, es importante, pues llegan 250 mil personas. Si se les suman los descendientes nacidos en el Brasil, se estima que alcanzan a más de 750 mil. La esfera de actividades en la que están ocupados más japoneses es la agricultura —llegando al 57%— y a cerca del 40% en el comercio, servicios, comunicaciones y transporte.

Según Hiroshi Saito (7) —estudioso de las migraciones japonesas al Brasil— en los centros urbanos, como San Pablo, la integración social definitiva de los japoneses y sus descendientes es un hecho real. Su incorporación a las fuerzas productivas sirve de base para comprobarlo. La inmigración alemana, se da básicamente en el sur del país, donde se establecen importantes colonias que hasta la actualidad, conservan sus costumbres y tradiciones germanas.

Venezuela: al buscar la diversificación de la producción y pretender desarrollar zonas improductivas, se ve en la necesidad de propiciar la inmigración que llega a más de 70 mil personas en el período 1952-1968. Sin considerar la inmigración ilegal entre Colombia y Venezuela, que al parecer, es de gran magnitud.

Argentina: es uno de los casos más importantes cuantitativamente en Latinoamérica, puesto que según censos de 1914, cerca de la mitad de la población había nacido en el extranjero estando compuesta por italianos, españoles, árabes, judíos centroeuropeos, franceses, ingleses y alemanes. Esta inmigración poblacionista obedecía a políticas gubernamentales.

En Uruguay, país escasamente poblado —donde a una gran emigración se asocia una baja natalidad que pro-, duce envejecimiento de la población y baja tasa de crecimiento demográfico— ha habido gran interés por parte de sus gobiernos para propiciar políticas inmigratorias, siendo uno de los países que mayor importancia le ha dado a la inmigración en América Latina.

Por su parte Chile ha poblado y desarrollado gracias a la inmigración europea gran parte de su territorio austral, donde la colonización alemana se planteó desde tiempos del Rey Carlos I de España —a cuya corona asciende en 1516— convirtiéndose después en emperador de Alemania. Bajo su dominio, España ensancha sus posiciones conquistando Perú y Chile. En el año 1526 otorga a la firma de los Fugger de Augsburgo, la concesión de los territorios situados al norte del recién descubierto Estrecho de Magallanes. Trescientos años más tarde, cuando Chile se independiza, se propone colonizar las regiones poco habitadas de su territorio con el fin de aumentar la población e incorporar nuevas zonas a la economía del país. (8)

En la actualidad, las migraciones humanas han tomado nuevas características y la cooperación internacional ha logrado coordinarlas, a fin de constituir movimientos de individuos en forma organizada y más racional, brindando tanto al emigrante como a los Estados, una serie de ventajas inconcebibles en siglos pasados pero, posibles en el mundo moderno.

Las migraciones y sus causas

Las causas de las migraciones son diversas y complejas. En su estudio se deben tomar en cuenta elementos históricos, geográficos y las propias condiciones y características de los pueblos. Aún cuando el factor económico es relevante, no siempre constituye la última explicación. En algunos casos la intolerancia religiosa ha producido la movilización de familias y pueblos completos hacia otras tierras, donde pudieran practicar su fe con amplia libertad. Tal es el caso de los primeros colonos puritanos ingleses que desembarcaron en Massachusetts en el siglo XVII y de los sucesivos asentamientos de las minorías anglicanas en Connecticut y Maryland.

La conquista militar —en los casos de Francia, España e Inglaterra— y, por otra parte las guerras, son causas que han impulsado a muchos pueblos a emigrar a través de la historia, ya sea buscando la supervivencia o porque debido a las modificaciones de fronteras se ven en la necesidad de reunirse con grupos étnicos afines.

Otra forma de migración es la denominada impositiva. Es el caso de los africanos traídos a América en los barcos negreros y también el de la "exportación de indeseables", consistente en el envío de delincuentes y personas no gratas a las colonias penales de ultramar, política seguida por Francia e Inglaterra principalmente.

Las revoluciones y cambios políticos violentos, han generado asimismo grandes corrientes de refugiados, cuya migración también es forzada. El componente político ha llevado a formular regulaciones en cuanto se refiere al derecho de asilo, suscribiendo muchos países convenios y tratados al respecto.

En el artículo XVII de la Novena Conferencia Interamericana, al hablar de los Derechos del Hombre se dice:

> "Toda persona tiene derecho de buscar y recibir asilo en territorio extranjero, en caso de persecución que no sea motivada por delitos de derecho común y de derecho con la legislación de cada país y con los Convenios Internacionales."

Las migraciones, como ya se ha dicho, pueden estar provocadas por diversos factores. Pueden ser voluntarias, decididas libremente por los interesados; impositivas, cuando los afectados son trasladados por la fuerza, ya sea ésta impuesta por otros hombres (el caso de los esclavos) o consecuencia de desastres naturales (terremotos, inundaciones); por último están las migraciones provocadas por razones políticas, económicas, sociales o religiosas, cuando un sector de la sociedad pretende imponer su voluntad sobre otros.

La migración voluntaria es la más favorable para satisfacer las necesidades del desarrollo, en tanto constituye el libre tránsito de individuos o de grupos de ellos, de un Estado a otro. Influyen por lo general condiciones negativas en sus propios países e incentivos en los receptores que abren nuevas y mejores posibilidades para la realización personal o grupal.

De tal modo, las migraciones van ligadas al hombre, a su desarrollo como tal y al ansia de libertad, de riqueza o de poder. Estas son las razones que motivan los desplazamientos humanos, independientemente de épocas, latitudes, raza, cultura y grado de desarrollo de la humanidad.

Históricamente, las migraciones han ido transformando las sociedades. Al constituirse Europa en uno de los polos de desarrollo más importantes de occidente, el fenómeno de emigración hacia América se transforma paulatina-mente, afectado por el proceso de desarrollo industrial europeo que demandaba gran cantidad de mano de obra para fortalecer nuevamente a Europa, asolada por las grandes conflagraciones bélicas. Sin embargo este hecho no sólo se dio en Europa gracias en cierta medida a la aplicación del Plan Marshall, sino en otros polos de desarrollo como los Estados Unidos, Canadá, Australia y algunos países de América del Sur.

La inmigración dejó de ser típicamente poblacionista — es decir, encargada de colonizar y poblar regiones escasas de habitantes y con bajos índices de productividad— convirtiéndose cada vez más en desarrollista, a fin de contribuir con los recursos humanos al desarrollo en el siglo XX.

De nada sirven los recursos y riqueza de una nación si no se cuenta con los elementos complementarios —como capital y la mano de obra necesarios— para llevar a cabo la explotación y transformación de las riquezas naturales cuyo valor e importancia se transforman al agregarle el hombre su trabajo.

Las necesidades de los países en vías de desarrollo en cuanto a transferencia de tecnología, inversión extranjera y, en cuanto a la compensación de la salida de profesionales, ha obligado paulatinamente a darle importancia al inmigrante. Pero también los países desarrollados procuran atraer no sólo la inmigración calificada, sino aquella dispuesta a desempeñar tareas no calificadas aunque imprescindibles en cualquier país.

Se sostiene que el inmigrante, en definitiva, contribuye a modificar la dinámica y estructura organizativa de la sociedad.

Tanto cualitativa como cuantitativamente, las migraciones internacionales han experimentado importantes transformaciones al desplazarse varios millones de personas a causa de conflictos políticos en sus países de origen. Estos desplazamientos forzados -ya no poblacionistas ni desarrollistas- han llevado al planteamiento de nuevas modalidades y enfoques en el plano migratorio contemporáneo al quedar de cierta manera por fuera de la voluntad de los Estados al alcance de estos flujos de población refugiada. Sin embargo, parecieran predominar los criterios tendientes a valorar positivamente a esta población, buscando su integración a las sociedades receptoras

Como no se pretende agotar el tema, sólo se ha hecho una descripción de los factores de mayor relevancia. Sin embargo, no debe ignorarse que algunos autores juzgan el fenómeno migratorio —sobre todo el contemporáneo — como una causa más del desarrollo del sistema capitalista, condicionante de lo político, económico y social restándole toda importancia al papel del hombre como ser individual y como partícipe en la vida social.

Hecha esta aclaración, en las próximas páginas se situará al inmigrante en América Latina, a fin de obtener un esquema histórico sobre su presencia en este continente.

Presencia del inmigrante en América Latina

Como ya fuera anticipado en las primeras páginas de este capítulo al buscar una explicación histórica de las migraciones, se entrará aquí en forma más detallada al estudio de la inmigración hacia el Nuevo Mundo.

Después del descubrimiento de América, se da un largo proceso de conquista, etapa en la cual España se ve en la necesidad de afianzar su dominio sobre América, estableciendo para ello todo un sistema administrativo que, entre otras medidas, contemplaba la venida al continente americano de gran cantidad de inmigrantes.

De este modo la "civilización europea", es traída por medio de los inmigrantes. Poco a poco son pobladas las tierras americanas por los españoles y portugueses y se conforman, lentamente los pueblos, que siglos después, se encargarán de construir los nuevos Estados independientes.

> "El patrón de poblamiento español, derivado en gran parte de la experiencia de la Reconquista Ibérica constituyó básicamente la fundación de una serie de ciudades, penetrando a lo largo y a lo ancho del continente conquistado. Estos asentamientos urbanos blancos, salpicados en valles, llanuras, estuarios y bahías, constituían la espina dorsal del sistema administrativo y militar y canalizaban las actividades económicas que proporcionaban la riqueza. Después de las Leyes Nuevas, el patrón urbano fue extendido a los indios —obligados a organizarse en pueblos y reducciones— y se aplicó, con éxito duradero en las zonas de población indígena relativamente densas. El asentamiento urbano respondía, como patrón de poblamiento, tanto a los hábitos españoles de vida, como a los intereses estatales de control administrativo y fiscal."(9)

La fundación de ciudades y la práctica administrativa —dirigida por el Imperio y secundada por la iglesia— plasma las políticas españolas que prevalecerán por largo tiempo y entre las que se pueden citar la diferencia entre civilizados e incivilizados, entre cristianos y paganos. Esta última como elemento justificativo para la conquista y esclavización, necesaria para desarrollar un sector colonial minero y agrario, cuyo fin era tratar de sostener la economía española y su posición internacional frente al resto de Europa —fundamentalmente ante Inglaterra y Francia— que mantenía una agresiva actitud frente al sistema colonial español, acentuada en tiempos de la revolución comercial e industrial.

En América Latina, durante el último siglo, se ha dado una profunda transformación. A ella contribuyen factores externos, como los cambios en la economía internacional (los avances tecnológicos .de mitad del siglo XIX, la producción a escala, la necesidad de materias primas, la internalización de mercados, la exportación de capitales, el desarrollo de la economía agroexportadora y la minería); factores políticos al surgir nuevos Estados que modifican las relaciones internacionales; factores internos como el crecimiento de la población —en cuyo proceso tanto la inmigración como las migraciones internas, modifican el carácter y composición étnica de la misma— hoy base del ser patrió de cada una de las naciones americanas.

Pueden reconocerse varias etapas en el proceso de inmigración hacia América Latina. Cada una de ellas obedece a circunstancias históricas determinadas. Al respecto el autor Luis Seguí González (10) ha planteado la siguiente clasificación y determinación de períodos inmigratorios; los mismos que de alguna manera Costa Rica también transitó.

> 1.	Período prohibitivo (durante la dominación de los territorios conquistados 1500-1783). Durante este período de dominación española —desde el descubrimiento a la independencia de las colonias— existe un régimen de prohibiciones.
>
> "En la política comercial el sistema español se caracterizó por una aplicación extrema de los principios mercantilistas: régimen de puerto único, sistema de flotas,

prohibición del comercio intercolonial, burocracia para el control comercial..."(11)

El control económico afectó el patrón poblacionista dificultando el libre desplazamiento; sin la autorización real no era factible emigrar ni aceptar individuos que no provinieran de España. Iguales medidas regían en las colonias portuguesas. Se buscaba mantener y consolidar el sistema político, económico, religioso y militar, exento de toda influencia foránea, atentatoria a los intereses imperiales.

2.   Período Liberal (1783 - fines del siglo XIX). Al decretarse la independencia, los nuevos Estados declaran la libertad de comercio y a la vez el libre tránsito.

"Los comerciantes ingleses se hicieron fuertes en todos los rincones de América Latina: en Buenos Aires, Río de Janeiro, Valparaíso, Caracas, Veracruz, Cartagena, Lima. La Gran Bretaña, tecnológicamente más avanzada, se hizo tan importante para la economía latinoamericana como para el sur de Estados Unidos, exportador de algodón."(12)

Así al darse estas nuevas condiciones, afluyen hacia América Latina gran cantidad de europeos, (ingleses, alemanes, franceses e italianos, además de los españoles), que participan en el poblamiento y en el desarrollo de nuevas actividades en las Repúblicas americanas. (13)

3.   Período de regulación legal y fomento de la inmigración (finales del siglo XIX, principios del XX). Al consolidarse las nuevas Repúblicas, surgen políticas migratorias que derivan en una legislación reguladora de la venida de inmigrantes, buscando resguardar los intereses nacionales, propiciando la venida de extranjeros para colonizar y explotar áreas despobladas y sin ningún tipo de actividad productiva, pues carecían de una

infraestructura básica. Estructura que fue suplida en parte por las inversiones inglesas que:

"...crecieron a una rápida tasa y se desparramaban en ferrocarriles, servicios públicos urbanos y títulos gubernamentales. Reduciendo los costos de transporte mediante la construcción de ferrocarriles en México, Argentina y Brasil, los ingleses estimularon su propia industria de bienes de capital y las posibilidades de exportación de las plantaciones, haciendas y minas latinoamericanas."(14)

Como se puede ver, la apertura económica trajo la inversión extranjera y facilitó, sin duda, la inmigración. (15)

4.   Período de restricciones por razones demográficas y de "defensa social" (principios del siglo XX - crisis de 1929-1930). A causa de la Primera Guerra Mundial se generan movimientos migratorios en Europa, que obligan a los Estados latinoamericanos a tomar medidas de "defensa social y política". La guerra produce la movilización de individuos cuya cantidad y calidad no respondía a las necesidades ni prioridades inmigratorias. De ahí que según las políticas demográficas de cada país se fijen cuotas, limitándose de este modo la migración no selectiva.

5.   Período de restricciones económicas (crisis de 1929-1930 a Segunda Guerra Mundial). La crisis económica y los problemas sociales de esa época generan gran cantidad de desocupados que buscan fuentes de empleo en los países menos afectados en sus economías. Así surge como respuesta en los países receptores una legislación mucho más restrictiva, cuya finalidad es defender a los trabajadores nacionales y limitar la inmigración a los intereses de cada nación en particular.

6.   Período de restricciones y control por motivos de "defensa política" (durante la Segunda Guerra Mundial). Al

aplicar el gobierno alemán su política racista muchos alemanes abandonan Alemania, viéndose obligados otros países a prestar atención a los refugiados afectados. Frente a esta inmigración obligada y a la expansión del nazismo, los países de América Latina deben adoptar medidas reguladoras a fin de preservar su sistema político ante una inmigración desenfrenada, incrementada por europeos, perjudicados por la guerra y que buscan reubicarse durante una época en que la prosperidad económica tampoco era en América la principal característica. (16)

7.	Período del retorno a la inmigración libre, promovida por la acción internacional e interna. Refugiados e inmigrantes (postguerra, hasta 1960). A causa de la guerra y como consecuencia de ella, muchos miles de personas se desplazaron a otros países. Una vez pasado el conflicto, se hace obligación de los Estados —tanto los de origen como los receptores— buscar una manera de normalizar la situación de estos inmigrantes forzados, cuya repatriación no era posible concretar de inmediato, debido a las condiciones en que habían quedado las economías de los países afectados. De ahí que algunas naciones de América Latina, aceptaran a muchos de estos inmigrantes y los incorporaran a las actividades productivas e intelectuales.

8.	Período de receso migratorio y de inversión de las corrientes inmigratorias tradicionales (1960-1965). Como consecuencia del resurgimiento de Europa y de la puesta en ejecución del Plan Marshall, se generaron en el viejo continente gran cantidad de empleos que atrajeron a muchos de sus antiguos habitantes. De este modo —y por primera vez en esa escala— algunos países de Europa se convierten en Estados de inmigración. Así se genera la migración para el desarrollo. Ya no es el típico caso poblacionista; surge la atracción de los polos de desarrollo, circunstancia que prácticamente ha llevado a la paralización de la emigración hacia América Latina.

9.   Período de la inmigración selectiva o inmigración del desarrollo (1960-70 hasta la actualidad). Esta inmigración ha contado con el apoyo de diversos organismos internacionales, tales como el Comité Intergubernamental para las Migraciones (CIM). Este organismo contribuye facilitando la consecución de recursos humanos y poniendo en marcha planes de asistencia en América Latina. Igualmente diversos organismos especializados del Sistema de las Naciones Unidas llevan a cabo tareas similares. Estas migraciones continúan hasta la actualidad modificándose el período por la aparición de nuevos flujos migratorios cuyas características difieren cualitativa y cuantitativamente.

10.   Período de los desplazamientos de migrantes económicos y refugiados políticos (1970 al presente). Actualmente las migraciones internacionales se han tornado de tal importancia que los Estados han debido de redefinir sus políticas migratorias, tanto a nivel unilateral como multilateral. El fenómeno migratorio se viene presentando en dos esferas, la primera, de tipo económico, caracterizada por el migrante económico, que se dirige a los polos de desarrollo en busca de subsistencia y mejora en la calidad de vida y la segunda, de tipo político, cuyos protagonistas son los refugiados políticos, que buscan ante todo salvar sus vidas. Estas migraciones, de acuerdo a estimaciones de las Naciones Unidas, llegarían a unos 20 millones de personas, de las cuales 12 provienen de países subdesarrollados.

En materia de migrante por causas políticas, la comunidad internacional debió tomar acciones desde hace varias décadas atrás, con posterioridad a la Segunda Guerra Mundial. En estos años se crea el Alto Comisionado de las Naciones Unidas para los Refugiados (ACNUR), estableciendo a la vez, Protocolos y Convenciones internacionales que regulen y den protección a la población refugiada que se encuentra distribuida en los diferentes puntos del globo y que en América Latina irrumpe paulatinamente a principios de la década de los setenta. América del Sur es el punto de partida de refugiados uruguayos, brasileños, chilenos, argentinos, bolivianos y paraguayos, que buscan refugio en diversos países. Posteriormente, al finalizar esta década comienza el desplazamiento de miles de refugiados procedentes de El Salvador, Nicaragua y Guatemala, que buscan protección en los países del área, América del Norte y hasta en Australia. Aquí, ya no se trata de migraciones organizadas ni planificadas, sino de movimientos espontáneos casi incontrolables por los Estados y por la comunidad internacional, cuyo papel es el de brindar protección y asistencia material a esta población.

Luego de un rápido vistazo histórico sobre el desarrollo de las migraciones en el continente americano, se considera posible entrar a un segundo capítulo que trata el caso concreto de Costa Rica, donde se estudiarán aspectos relativos a la población, al desarrollo cafetalero y a la conformación de una élite que detenta el poder político y económico. Se estudiarán además los proyectos de migración y específicamente la venida de los alemanes al país. El tema ha sido escogido por su relación con la actividad cafetalera y por el papel que han desempeñado en otros sectores de la economía. Dicha relación les facilitó su vinculación con el poder político que —como señala Samuel Stone— está ligado en primer lugar con la hidalguía española — durante la conquista y colonia— y seguidamente con los cafetaleros, ya entrada Costa Rica a la vida independiente.

NOTAS

1. Marcos Bogan Miller, La migración internacional en Costa Rica (Heredia, Costa Rica: IDESPO; poligrafiado, 1980) p. 21.
2. Joop Alberts, "Hacia un mejor entendimiento de los motivos para migrar". Notas de Población Nº 4 (San José: CE- LADE, 1974) p. 9.
3. Eugene Kulischer, "Migration", Encyclopedia Britannica (Chicago: Encyclopedia Britannica Inc., 1959) Vol. XV p. 463 y ss.
4. Luis Seguí González, "La cooperación internacional en la migración", International Migration Nº 3 (Holanda: CIME, 1976) Vol. XVI pp. 200-201.
5. Kulischer, ob. cit. p. 466.

6. Fernando Bastos de Ávila, "La inmigración en América Latina", publicación sin identificar (Santiago: fotocopias, Biblioteca Nacional de Chile, Unión Panamericana, 1964) p. 9.

7. Hiroshi Saito, "The integration and participation of de Japanese and their descendants in brazilian society", International Migration Nº 3 (Holland: CIME, 1976) Vol. XIV.

8. Emilio Held Winkler, "Documentos sobre colonización del sur de Chile" (Santiago: fotocopias, Biblioteca Nacional de Chile) p. 3.

9. Ciro Cardoso y Héctor Pérez Brignoli, Centro América y la economía occidental (1500-1930) (San José: Editorial Universidad de Costa Rica, 1977) p. 33.

10. Luis Seguí González, La inmigración y su contribución al desarrollo (Caracas: Monte Ávila Editores, 1969).

11. Cardoso y Pérez, ob. cit. p. 30.

12. Stanley J. y Barbara Stein, La herencia colonial de América Latina (México: Editorial siglo XXI, 1973) p. 62.

13. En este período llegan los primeros inmigrantes alemanes, acerca de los cuales se hará referencia en los capítulos siguientes, al tratar sobre Costa Rica.

14. Stein, ob. cit. p. 152.

15. Como se verá en las páginas siguientes, Costa Rica experimenta igual situación, debido principalmente a la apertura económica y surgimiento de la actividad cafetalera que motivaría la inversión e inmigración extranjera.

16. Debe señalarse que si bien durante este período vienen a Costa Rica algunas familias alemanas, es en el transcurso del siglo XIX y principios del XX, cuando paralelamente al auge de la actividad cafetalera se incorporan en mayor medida los alemanes a la sociedad costarricense, como se verá en los capítulos siguientes.

CAPITULO II: Las migraciones en Costa Rica

Costa Rica: Su población

América Latina y por ende Costa Rica, transitó de modo similar el largo proceso de conquista y colonización, ya señalado en páginas anteriores.

Este proceso, ligado al Imperio español, se debe tomar muy en cuenta. En él se dan una serie de pautas que determinan las características del país en su vida independiente. Así ocurre en cuanto a su composición racial que conforma cierta unidad para el continente, donde:

> "...no sólo era inevitable la mezcla de razas, sino que aún era alentada. El primer factor en la mezcla de razas era la ausencia relativa de mujeres europeas en las colonias migratorias al nuevo mundo; la proporción de inmigrantes mujeres en el período colonial parece haber sido de cerca de nueve a uno."(1)

Este elemento, que determina los caracteres sociales y étnicos, es de gran importancia. Al respecto Magnus Mörner (2) señala que los latinoamericanos descienden de tres grupos raciales: indios, negros y europeos. De ahí que sea necesario conocer el origen de la población de Costa Rica y las pautas de transformación que experimenta a través de la historia.

Antes del descubrimiento, la población de Costa Rica estaba formada por indígenas diseminados por el territorio nacional que en contacto con los vecinos del norte y sur eran en gran medida influenciados por ellos.

Existían los siguientes grupos étnicos: chorotegas y nahoas al norte; corobicíes y borucas en el sur; caribes en las costas del mar Caribe. El Obispo Thiel, calculaba que en 1522 existían cerca de 27.000 indígenas, dedicados casi en su totalidad a la agricultura de autosubsistencia. Sin embargo debe aclararse que sobre la exactitud de estos datos algunos investigadores discrepan, pues sostienen que la población era mayor a la calculada por Thiel.

La población original de Costa Rica evoluciona con la característica de que la población indígena disminuye a medida que la presencia de españoles, mestizos y mulatos es cada vez mayor durante la conquista y la colonia. Transformación que se puede apreciar en el gráfico de la página siguiente.

Desde la mitad del siglo XVIII la población aumenta considerablemente, manteniéndose cierto ritmo al menos hasta finales del siglo XIX. Entre 1801 y 1892, se quintuplica la población. Dentro de ese período, entre 1864 y 1892, pasa de 120.499 a 243.205 habitantes.

Como se puede apreciar, en la primera mitad del siglo pasado el incremento de población de origen inmigratorio fue de carácter natural y muy lento, con la participación de inmigrantes nicaragüenses, panameños, sudamericanos y europeos.

Para recapitular hasta el siglo XVII —época de la conquista y principios de la colonia— la inmigración es de origen español; durante los siglos XVII y XVIII aumenta esa corriente, fortaleciéndose la población ya residente. Estos inmigrantes vienen en su mayoría enviados por el Imperio y la Iglesia. De ahí que los penisulares en su condición de representantes del Imperio, se consideraban con derechos naturales para ejercer los cargos administrativos más altos, ya fuera civiles, militares o eclesiásticos, marginando del ejercicio del poder a la élite criolla debido a su ascendecia racial.(3)

Una vez sentadas las bases para la composición de la población, debe señalarse uno de los hechos más importantes en la historia de Costa Rica: la independencia política de España en 1821.

POBLACION SEGÚN GRUPOS ETNICOS (1522 - 1801)

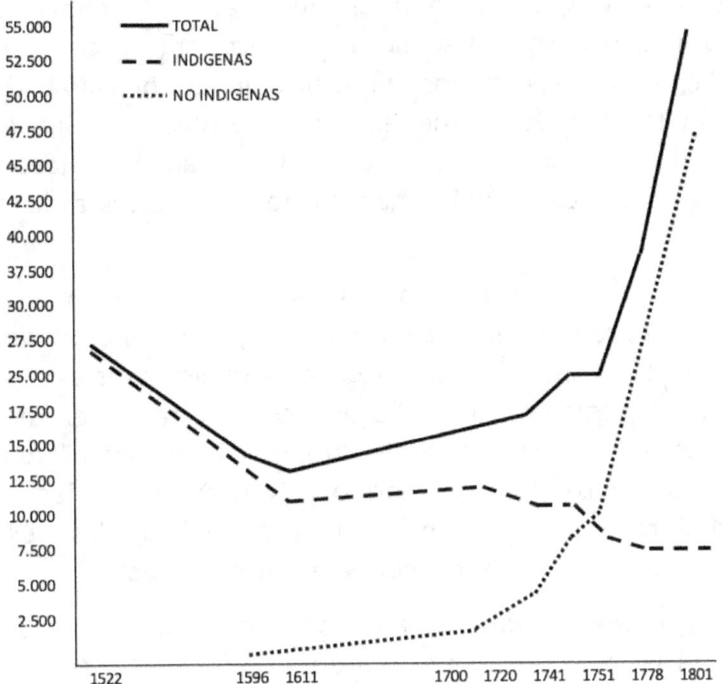

No indígenas: incluye a españoles, mestizos, mulatos, negros y zambos y las combinaciones de los anteriores.

Gráfico elaborado en base a cifras del Cuadro No.2 de: La población de Costa Rica, de Fernández Schmidt y Basauri, Ed. Universidad de Costa Rica, año 1976, p.11

"Liberada por la independencia, cuando menos de la imposición de políticas económicas y fiscales extrañas a sus necesidades, Costa Rica inicia un cierto tráfico, o más bien aumenta el incipiente que ya existía con el exterior."(4)

Así se abre una nueva era en lo económico, se facilita la venida de extranjeros y, en lo político Costa Rica establece su propio gobierno. Sin embargo la separación del imperio español no proporcionará de inmediato perspectivas de florecimiento económico ni bienestar a su población.

El café: los políticos

Unos diez años después de la independencia, el país comienza a dar los primeros pasos en su desarrollo económico, cuando en 1832 se llegaron a exportar los primeros quintales de café a Chile. Un alemán llamado Georg Stiepel, fue quien tuvo la iniciativa de realizar tal empresa, ya que el cultivo había demostrado facilidades para adaptarse al clima y a la fértil tierra costarricense. (5)

Al ver que el café, prometía ser un negocio rentable, los miembros del grupo que ejercían el poder político -heredado de sus antepasados españoles- se interesan y dedican sus esfuerzos a la actividad cafetalera. Hasta llegar a su exportación en mayor volumen en el año 1843 a Inglaterra en el "Monarch", barco capitaneado por Le Lacheur, marino y comerciante inglés. Este hecho significó el ingreso al mercado internacional, después de haber realizado varios intentos con diferentes productos.

> "Los primeros cuarenta años de nuestra vida de relación internacional se caracterizan por la prominencia total -por no decir la exclusividad- de la intervención del capital inglés en nuestro desenvolvimiento económico. (6)

Inglaterra y Alemania —apunta Carolyn Hall (7) — fueron los mercados más importantes para el café de buena calidad, pagando altos precios por el producto. Aún cuando Inglaterra era el mayor importador, figuraba entre sus empresas varias firmas alemanas que compraban el café para reexportarlo posteriormente a Alemania, país que adquiría directamente cerca del 20% de la cosecha anual.

Carl Scherzer, señala que a mediados del siglo pasado el consumo anual de café en Alemania se incrementaba -abriéndose un sin número de cafetines que lo expedían-, llegando a siete libras per cápita el consumo de este producto.

La apertura de mercados de exportación, da las bases de una nueva estructura económica, que trae consigo una serie de transformaciones y cambios en los aspectos sociales, culturales y políticos del país.

Alrededor de la actividad cafetalera se conforman dos grupos, uno el de los productores y otro el de los exportadores. De estos últimos señala Stone, que poco a poco llegan a controlar el complejo y por ende la economía del país, puesto que vendían su propio café y el de pequeños productores. (8)

El grupo cafetalero, debido a su importancia en lo económico y al poder político que ejerce, logra adquirir tierras de los pequeños agricultores, dando origen a las grandes plantaciones. A pesar de la ausencia de bancos que facilitaran las operaciones crediticias, logran financiar sus negocios gracias a los vínculos de parentesco que los unen.

> "La gran tarea de los primeros veinte años de vida independiente, será el acoplamiento entre el poder político y el poder económico y la consolidación de aquél en atención a las necesidades primarias de éste."(9)

A raíz del auge que adquiere el café, quienes se dedican a su cultivo ven la necesidad de identificar sus intereses con los del gobierno, institución política por ellos dirigida. Este planteamiento es sostenido por Rodolfo Cerdas y Carlos Monge, señalando este último:

> "Las poderosas familias que crearon capitales a la sombra de la exportación de café, necesitaban ejercer amplio y absoluto dominio en el gobierno de la República, todo debía marchar de tal manera que nada obstaculizara el desarrollo de sus negocios. Por otro lado, hubo en el siglo pasado la circunstancia especial de que las familias dedicadas al cultivo y exportación del café eran, desde los primeros años de vida independiente, las de mayor estimación social y política. Así, los asuntos de gobierno vinieron a ser asuntos privados de las principales familias; cuando éstas peleaban entre sí o se distanciaban se producía una crisis política; cambios de Jefes de Estado o

de Presidentes, movimientos en los cuarteles, golpes de Estado, etc. Si un político joven o viejo con altura o sin ella quería escalar posiciones, debía ante todo, estar bien con esos círculos de cuyas reuniones salieron, no pocas veces los nombres de las personas que debían de ocupar la Presidencia de la República."(10)

Como se puede apreciar los factores políticos, económicos y sociales en la Costa Rica independiente, no se pueden separar. Se unen en torno al café y conforman las estructuras sociopolíticas del país, cuyas bases comenzaron a sentarse desde tiempos anteriores al rompimiento con España.

La descendencia del español se identifica con una mayor intensidad a esta tierra —la misma que convertirá en patria— patria que nace al darse una serie de relaciones concretas entre el individuo y la tierra que habita con sus congéneres. En torno al tema señala Stone:

> "Los primeros cafetaleros fueron descendientes de la hidalguía española colonial, una clase social cuyos miembros habían tenido entre sí estrechos vínculos de parentesco y que a la vez habían constituido una élite política desde la Conquista hacia la Independencia. Gracias a la preponderancia económica que adquirieron a través del café, pudieron llegar a convertirse en el subgrupo más importante de la referida clase, acaparando paulatinamente el poder político que hasta la sazón había sido prerrogativa de toda la clase. Desde mediados del siglo XIX han dirigido los destinos del país, aunque en menor grado en el presente siglo que durante el pasado." (11)

El mismo autor distingue también en el grupo de cafetaleros, tres niveles: el primero, compuesto por los que ejercen directamente el poder, el segundo, por quienes apoyan económicamente y moralmente a los primeros; el tercero, los que no pueden ofrecer apoyo económico, debiendo aceptar puestos políticos y no políticos secundarios, hecho que, por otra parte, no les resta importancia, en vista de que los puestos públicos de la época eran bastante limitados y alcanzar uno —dentro de cualquier nivel— sin duda era un privilegio.

En la página siguiente y anexos se pueden apreciar cuadros relativos a la comercialización y exportación del café, su crecimiento en cuanto al volumen y también al destino en el mercado internacional, aspectos sobre los cuales se ha venido haciendo referencia y que deben ser ilustrados.

El café: la inmigración

Una vez arraigado el cultivo del café y creadas las condiciones para su producción por quienes detentaban el poder político y económico, los gobiernos del siglo pasado se preocuparon por la escasez de mano de obra capaz de atender la producción y las actividades que nacen conjuntamente con la exportación del grano. Se pensó como solución en la inmigración extranjera, en vista de que se contaba con un territorio extenso y poco poblado, carente de técnicos y profesionales en muchas áreas y, carente también, de un sector manufacturero significativo. Por tales razones, a partir de la década de los años cuarenta del siglo pasado:

> "...llegan individualmente inmigrantes europeos —ingleses, alemanes, españoles y más tarde belgas e italianos—, atraídos por las posibilidades de enriquecimiento abiertas por el café. Estos inmigrantes por lo general poseían algún capital y se dedicaron al beneficio y comercialización del café. Muchos de ellos penetraron en el círculo reducido de la élite cafetalera, por alianza o asociación y pasaron a contar entre sus miembros más prominentes."(12)

La importancia que para el país tiene el café —como generador de una serie de actividades y acciones gubernamentales en el ámbito político— a raíz del auge que adquiere su producción, es analizada por Ramírez Boza y Solís Avendaño (13) al estudiar el mercado interno. Mercado interno que señalan como producto del desarrollo capitalista - basado en el café- propiciador de condiciones favorables para el surgimiento de empresas mercantiles. Muchas de las cuales serán emprendidas por inmigrantes europeos hacia finales del siglo XIX y principios del XX.

EXPORTACIONES DE CAFÉ POR NACIONES DE DESTINO 1886 A 1910 (EN %)

AÑO	ALEMANIA	CENTRO AMERICA	ESTADOS UNIDOS	ESPAÑA	FRANCIA	REINO UNIDO	VARIAS NACIONES
1886	14,70	0,03	13,55	--	9,44	59,25	3,03
1887	4,58	--	31,12	0,01	4,65	58,98	0,66
1888	5,90	--	29,43	--	3,48	60,31	0,88
1889	3,09	0,01	37,81	--	0,28	58,73	0,08
1890*	--	--	--	--	--	--	--
1891	4,95	0,02	--	36,93	0,12	57,84	0,14
1892*	--	--	--	--	--	--	--
1893	4,42	--	36,07	--	0,21	59,30	--
1894	13,90	0,02	51,01	--	0,03	29,80	5,24
1895	20,18	--	20,80	--	2,98	50,52	5,52
1896	19,00	--	21,00	--	2,00	56,00	2,00
1897	16,00	--	24,00	--	--	57,00	3,00
1898	16,00	--	24,00	--	--	56,00	4,00
1899	15,00	--	26,00	--	--	55,00	4,00
1900	11,00	--	25,00	--	--	58,00	6,00
1901	8,00	--	21,00	--	--	66,00	5,00
1902	8,00	--	15,00	--	--	73,00	4,00
1903	7,01	--	16,72	0,13	3,25	72,66	0,23
1904	6,45	--	6,56	0,01	1,94	84,56	0,48
1905	7,44	--	20,18	0,05	1,67	70,11	0,55
1906	11,09	--	9,35	--	2,63	76,45	0,48
1907	11,11	--	13,00	--	2,16	73,38	0,35
1908	8,66	--	5,27	--	1,43	84,22	0,42
1909	5,01	--	9,03	--	4,34	81,31	0,31
1910	6,14	--	8,29	--	1,28	84,18	0,11

*No se dispuso de datos para los años 1890 y 1892.

Fuente: Dirección General de Estadísticas y Censos, San José, Costa Rica

Paulatinamente estos inmigrantes, se integran a la élite cafetalera extendiendo el radio de actividades hacia la producción y comercialización del grano.

Carolyn Hall, al referirse a los inmigrantes que se vinculan a este tipo de actividades, señala:

"A pesar de que sólo unos cuantos cientos de extranjeros logran infiltrarse en el sector cafetalero de Costa Rica, su importancia fue desproporcionada a su número. Como caficultores, los extranjeros y sus descendientes llegaban al uno por ciento del total nacional en 1935, pero poseían un 14,5% de la tierra sembrada con esos propósitos. Es aún más importante el dominio que alcanzaron como beneficiarios. En 1850, el porcentaje del grano, estaba casi enteramente en manos de las familias más importantes costarricenses,... sin embargo, a finales del siglo, más del 70% de los beneficiadores y exportadores eran extranjeros. Ese grupo fue adquiriendo fuerza y llegó a ser aún más dominante en 1935. En esta fecha, la tercera parte de los beneficiadores eran extranjeros o descendientes de aquellos inmigrantes que llegaron a Costa Rica después de 1840. Estos beneficiadores poseían algunas de las instalaciones más grandes y juntos procesaban el 44% de la cosecha del país."(14)

Debe agregarse a la información de Hall, el hecho de que dos terceras partes de las empresas industriales que a principios de siglo operaban con fuerza motriz, pertenecían a extranjeros. Así lo indican Ramírez y Solís, añadiendo que el grueso de tales capitales no actuaba como inversión extranjera sino como producto acumulado y reinvertido dentro de la economía nacional; a diferencia de la relación inmigrante-inversión extranjera que se da en las últimas décadas en forma más acentuada, al aparecer grandes corporaciones y firmas transnacionales que colocan capitales en diversas naciones, enviando a ellas funcionarios para administrarlas.

Estos funcionarios por lo general, no se vinculan a la actividad cafetalera y, en el caso de nacionales de Norteamérica, Inglaterra y Francia —por mencionar algunos— no contraen con la misma regularidad que los alemanes, relaciones de parentesco con los costarricenses, salvo en muy pocos casos que se dan en el siglo pasado y principios de este.

En atención a todo lo expuesto anteriormente, se ve la necesidad de estudiar la inmigración extranjera, bien como fenómeno demográfico o bien dentro de los ámbitos político, económico y social, factores que están presentes a través de la historia.

Así, las migraciones posteriores a la independencia son fundamentalmente individuales aún cuando fueron propiciadas en forma colectiva por los gobiernos. Incluso el Imperio español pretendía mediante la traída de españoles, poblar el territorio y sentar un sistema político administrativo capaz de responder a los intereses de la corona. Con posterioridad, la inmigración está regida por políticas gubernamentales —producto de una Costa Rica independiente— donde el extranjero cumple otro rol que obedece más que nada a intereses económicos ligados al café y a las actividades que se relacionan con él.

El gobierno: la inmigración

"Es principalmente la falta de brazos y de capital, que a pesar de las condiciones naturales tan favorables, la que se opone a un rápido desarrollo del Estado de Costa Rica." (Scherzo). (15)

Por tales razones, los diferentes gobiernos del siglo pasado se proponen como solución al déficit de recursos humanos, promover proyectos de inmigración, creándose para tal efecto en 1850, la "Junta Protectora de Colonias", cuya función era atender los asuntos relacionados con la venida de inmigrantes y su asentamiento en colonias.

De todos los grupos de inmigrantes que vinieron al país, se analizará el caso de los alemanes, por su relación y papel en el desarrollo de la actividad cafetalera y otros sectores de la economía costarricense: relación que les facilitará vincularse con el poder político en sus diferentes manifestaciones.

Sin embargo, con el objeto de ofrecer un panorama más amplio que incluya a otros grupos de extranjeros y actividades, se hará referencia a la inmigración de personas procedentes de otras partes del globo, entre ellas las provenientes de los países cercanos y de Europa.

Muchas de estas personas — por no decir casi su totalidad— deben su venida primordialmente a iniciativa propia, aún cuando el gobierno tuviera interés en promover la inmigración y asentamiento de colonias agrícolas.

A mediados del siglo XIX por determinantes geográficos, se facilita la venida de muchas personas procedentes de Centroamérica, Colombia, Perú y Chile, que vienen atraídos por el desarrollo de la actividad económica, materializada en los intentos de explotación minera, madera de brasil, azúcar, añil, por supuesto el café y alguna industria artesanal.

La inmigración procedente de Europa, Asia y Las Antillas, se ve superada, sin embargo, por la nicaragüense y centroamericana que, muchos años después llega en 1963 a cerca del 60% del total de extranjeros residentes en el país.

Debe señalarse que estos movimientos inmigratorios se dan en forma voluntaria. Muy pocas veces en forma planificada por el gobierno, a pesar de los intentos por lograrla. De estos intentos se pueden señalar los relacionados con la construcción del ferrocarril al Atlántico, que genera la traída de trabajadores italianos, chinos y jamaiquinos. El ferrocarril que surge como una necesidad vinculada con la comercialización y exportación del café, abre las puertas a otro tipo de actividad agrícola —la producción bananera— para lo cual se traerán trabajadores de Jamaica y otras islas del Caribe.

Sin embargo, a pesar de reconocer la utilidad que para el país podía tener la traída de extranjeros y de los intentos de promover proyectos de inmigración auspiciados por los gobiernos, éstos fracasaron en casi su totalidad. Esos proyectos pretendían impulsar el desarrollo de regiones aisladas que, además de carecer de vías de comunicación adecuada e infraestructura vital para cualquier empresa, estaban situadas en zonas donde el clima y las condiciones sanitarias eran desfavorables para el asentamiento de población. Al respecto comenta Ephrain George Squier en su artículo "Los Estados de Centroamérica":

> "...infortunadamente para el buen éxito de la colonización en Costa Rica, se la fomenta a saltos y no de modo firme y constante. El gobierno y el pueblo podrían tener buenos caminos y edificios con ciertas pretensiones de arquitectura, pero lo mismo que si fueran niños se sublevan contra el esfuerzo paciente que es necesario para lograrlo. Les gustaría que se desmontasen las grandes selvas que cubren el país y que mediante el cultivo sistemático e inteligente de los colonos se hiciera fructificar la tierra, pero se encelan del extranjero cuando éste llega al país, su buen éxito los irrita y lejos de hacerlo apegarse al país mediante agradables asociaciones y una política amistosa, desbaratan sus empresas, estorban sus movimientos y con un sistema de pequeñas molestias no tardan en hacerlo salir disgustado. También les falta aprender que la colonización realizada por compañías en virtud de concesiones que forzosamente sólo pueden hacerse en distritos remotos, lejos de los caminos y sin tener a la mano recursos aprovechables, tiene pocas probabilidades de buen éxito."(16)

Los proyectos de inmigración

Aún cuando la inmigración no logró mayores éxitos por los motivos señalados en páginas anteriores, se puso cierto afán en promover la colonización trayendo para ello inmigrantes del exterior. Se pueden apuntar los siguientes proyectos e intentos de colonización, en los cuales el gobierno costarricense asumió responsabilidad:

En el año 1825, por decreto LXVII de octubre 13, se concedió al inglés John Hale, la aprobación de un proyecto de colonización en el que participarían 100 familias inglesas y norteamericanas, que serían asentadas en la región de Sarapiquí, en el lugar que más tarde se conocería como "Montaña del Inglés".

En el mismo año se aprobó otro proyecto, promovido por el francés Pedro Ruahaud, para instalar 100 familias en las tierras aledañas al río Grande y Puerto de las Matas, y 100 entre Puntarenas y Esparza.

En 1849, se concedió a la "Compagnie du Golfe Dulce", fundada por el Cónsul francés Gabriel Lafond, terrenos en el contorno del Golfo Dulce, a condición de que se establecieran mil colonos dentro de un plazo de siete años. Tiempo más tarde la compañía cedería sus derechos a la Compañía de Colonización Costa Rica Atlantic Pacific Junction, que tampoco realizó el proyecto.

Ya en 1848, el gobierno de Costa Rica se dirigió a Alemania a fin de propiciar la inmigración alemana. Se fundó la "Sociedad Berlinesa de Colonización", representada por el Barón Alexander von Bülow. Mediante decreto LXV de Julio de 1852 se aprobó el contrato de colonización que establecía un área de 54 millas cuadradas en el valle del Reventazón, donde se pretendía asentar 7.000 colonos adultos en un término de treinta años.

En 1853, bajo el gobierno de Juan Mora Porras, el alemán Wilhelm Marr fue comisionado para traer inmigrantes de Alemania, gestión que no prosperó.

En 1854 George Schedel, representante de Sir Henry Lytton Bulwer y sus herederos, suscribió contrato con el gobierno de Costa Rica, a fin de colonizar terrenos baldíos que serían destinados a la agricultura.

En 1857 Crisanto Medina viajó a Berlín con el objeto de propiciar la fundación de colonias agrícolas alemanas en Miravalles, proyecto que también contaba con el aval del gobierno costarricense.

En enero de 1860, vino al país Thomas Francis Meagher representando a A. W. Thompson, para proponerle al gobierno de

José María Montealegre un contrato de colonización y construcción de caminos.

En este mismo período, el empresario inglés Courtans, propuso traer un grupo numeroso de peones chinos. Otro empresario de apellido Cauty, pretendió hacer venir a cerca de 400 coolies hindúes pero, ninguno de los dos proyectos se concretó.

El decreto XXXVI del año 1862, facultó al Poder Ejecutivo para reglamentar los aspectos relativos a inmigración y colonización, prohibiéndose la colonización con razas chinas y africanas. También se autorizó al gobierno de la República para que pudiera disponer de las tierras baldías con el objeto de establecer colonias de inmigrantes.

En 1863, John Mclean intentó traer a Costa Rica mil inmigrantes irlandeses pretendiendo asentarlos en la región de Sarapiquí para que desarrollaran actividades agrícolas en esa zona.

En 1869, el alemán Theodoro Koschney, propuso un proyecto parecido al anterior, que consistía en hacer venir a mil colonos para que se radicaran cerca del río Pacuare, en la costa Atlántica; ambos proyectos fracasaron.

Con motivo de la construcción del ferrocarril, al Atlántico, fueron contratados en el año 1873, doscientos chinos y mil jamaiquinos que, posteriormente, se dedicarían en su mayoría al cultivo del banano. En 1927 llegaron a constituir una población de 18.000 habitantes ubicados en la zona Atlántica.

En 1884 vinieron al país dos mil italianos para trabajar en la construcción del ferrocarril y concluir el tramo Cartago-Siquirres, emigrando posteriormente la gran mayoría.

Tres años antes, en 1881, el gobierno costarricense suscribió contrato con el español Esteban María Perera para traer dentro del término de nueve años más de 8.500 personas de raza blanca, aptas para las labores agrícolas, quienes se asentarían en la costa Atlántica; contrato que tampoco se cumple.

En mayo de 1891 se convino con el empresario cubano Antonio Machado Grajales, traer 100 familias de inmigrantes con el fin de establecer en la región de Nicoya una colonia agrícola que produciría tabaco, caña de azúcar, cacao, algodón y café.

Ese mismo año, el gobierno suscribió con don Eusebio Rodríguez un contrato para fundar una colonia modelo en San Carlos que se dedicaría básicamente a la producción de café. También se firmó un contrato con el alemán August Gessler para instalar un asentamiento en la Isla del Coco, estableciéndose sólo una familia. (17)

En julio de ese mismo año, se comprometió William Hornell Reynold para traer 100 familias norteamericanas que se dedicarían a la agricultura y la industria en la región Atlántica.

En 1893 se celebró contrato con el sueco Cari Berggren para traer 100 familias suecas o noruegas e instalarlas en la región de San Carlos a fin de integrar esa región del país a la producción nacional.

En 1894 se firmó contrato de inmigración con Luis Boissevain Mollet para traer hasta 1.000 familias de japoneses a Costa Rica.

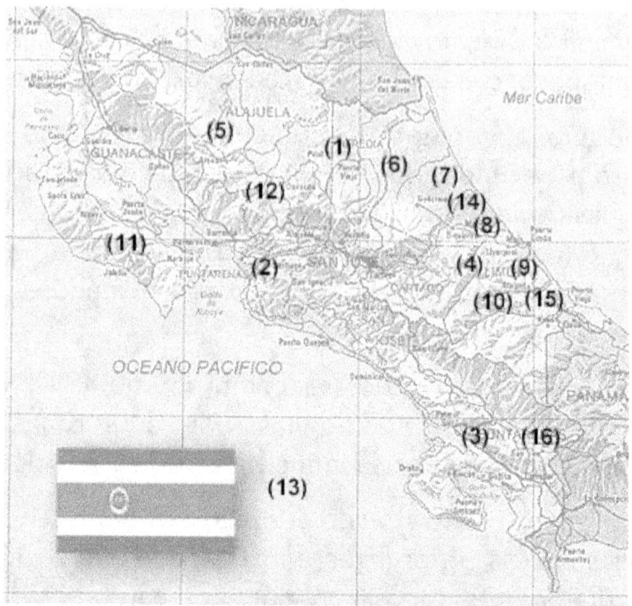

Localización geográfica, año y proyecto de colonización entre 1825 y 1951

1 1825 100 familias inglesas y norteamericanas
2 1825 200 familias francesas
3 1849 100 colonos europeos
4 1850 7.000 colonos alemanes
- 1853 inmigrantes alemanes
- 1854 colonos europeos
5 1857 colonos alemanes
- 1860 peones chinos
- 1860 peones coolies indúes
6 1863 1.000 colonos irlandeses
7 1869 colonos alemanes
8 1873 200 trabajadores chinos

9 1881 8.500 colonos europeos
10 1884 2.000 trabajadores italiano
11 1891 100 familias cubanas
12 1891 colonos europeos
13 1891 colonos alemanes Isla del Coco
14 1891 100 familias norteamericanas
- 1894 1.000 familias japonesas
15 1894 50 familias europeas
- 1908 100 familias españolas
- 1913 trabajadores europeos
- 1917 250 trabajadores asiáticos
16 1951 colonos italianos

En 1893 se celebró contrato con el sueco Cari Berggren para traer 100 familias suecas o noruegas e instalarlas en la región de San Carlos a fin de integrar esa región del país a la producción nacional.

En 1894 se firmó contrato de inmigración con Luis Boissevain Mollet para traer hasta 1.000 familias de japoneses a Costa Rica.

En abril del mismo año, se suscribió contrato con Carlos Quirós M., para traer 50 familias europeas que se dedicarían a labores agrícolas en la región de Limón.

Por decreto VI de mayo de 1897 y disposiciones similares, en el año 1904, se prohibió la inmigración de individuos de raza china, de árabes, turcos, sirios, armenios y gitanos de cualquier nacionalidad, por considerarse inconveniente su asentamiento en el país.

En 1908 se celebró contrato con el español José Trepat Galán, con el objeto de introducir al país 100 familias españolas.

En 1913, se autorizó a don Ricardo Dent Priet, para traer inmigrantes europeos que se desempeñarían en oficios de tipo doméstico, suscribiendo previamente contrato de trabajo con familias costarricenses.

En 1917, se aprobó contrato con el señor Manuel Seing, para traer 250 trabajadores procedentes de Honolulú o de Hong Kong que trabajarían en el cultivo del arroz y otros cereales, comprometiéndose el contratista a repatriarlos pasados siete años, período de duración del contrato.

En 1951, se consolidó la idea de traer familias italianas que serían asentadas en la región de Coto Brus. A tal efecto, se creó la "Societa Italiana di Colonizzacione Agrícola" (SICA) que, conjuntamente con el gobierno de Costa Rica, pondría en marcha uno de los proyectos de inmigración más interesantes llevados a cabo hasta la fecha.(18)

Como se puede apreciar, numerosos fueron los intentos de colonización que pretendían atraer gran cantidad de inmigrantes al país.

Sin embargo, como ya se mencionara, muy pocos se hicieron realidad. Por eso el porcentaje de extranjeros residentes en Costa Rica es poco significativo. La inmigración se da a nivel familiar e individual, no en forma masiva y muy poco organizada.

En el cuadro siguiente se refleja la significación que a través de los años ha tenido la población extranjera, en cuanto a su número. El mismo varía y se incrementa durante algunos años, sobre todo al construirse el ferrocarril al Atlántico e introducirse la explotación bananera, actividad que demandaría mano de obra jamaiquina y centroamericana. También se índica en el mismo cuadro la composición de esa población agrupada por nacionalidades o continentes de origen.

Fernández, Schmidt y Basauri, al resumir el significado del siglo XIX, señalan que la evolución de la población, se caracterizó por un incremento natural muy elevado para la época, donde se da una constante inmigración proveniente de los países vecinos. A ella se debe sumar en el último cuarto de siglo la venida de antillanos, italianos y chinos, cuya inmigración de algún modo ha sido cuantitativamente más significativa que el resto de los intentos anteriormente comentados.

Refiriéndose a las últimas décadas del presente siglo, Bogan Miller apunta:

> "Oficialmente en épocas recientes, la migración internacional ha tenido poco peso. Durante el período 1951-1973 hay un saldo neto positivo de poco más de 10.000 personas, que significa una tasa de migración para el país de 0,5% (UPEV-1977 a). El censo de 1973 encontró casi 35.000 extranjeros y 12.000 costarricenses naturalizados. Del total de esto, el 50,5% son nicaragüenses y el 66,3% son centroamericanos (D. G. E. C., 1974)."(19)

Como se puede apreciar la inmigración importante, desde el punto de vista cuantitativo, está ligada al desarrollo de la producción bananera, alcanzando en 1927 el mayor porcentaje inmigratorio registrado en el país. Pero, aún cuando numéricamente es de gran significación, no lo es del mismo modo en el ámbito político, en el cual el inmigrante jamaiquino y centroamericano no alcanza papeles importantes en la vida pública.

DISTRIBUCIÓN PORCENTUAL DE POBLACIÓN
EXTRANJERA RESIDENTE EN COSTA RICA
POR GRUPOS DE NACIONALIDADES

AÑO	CENTRO AMERICA	NORTE AMERICA	SUDAMERICA Y PANAMA	ANTILLAS	EUROPA	ASIA	AFRICA Y OCEANIA
1864	54,1	2,5	26,6	0,9	14,8	0,9	0,2
1883	31,3	3,5	12,3	21,9	26,1	4,9	0,0
1888	24,3	4,2	10,2	14,6	43,8	2,9	0,0
1892	28,4	3,9	13,6	13,3	37,2	3,1	0,5
1950	54,0	3,6	9,0	22,6	8,3	2,5	0,0
1963	59,9	8,4	13,3	8,2	8,8	1,4	0,0
1969*	48,8	11,7	11,5	14,0	11,9	2,1	0,1

* Memoria Ministerio de Seguridad Pública año 1969

Fernández, Schmidt y Basauri. La Población de Costa Rica. Ed. Universidad de Costa Rica. San José, Costa Rica 1976

La diferencia está en el tipo de actividad que desempeña, pues se trata básicamente de peones agrícolas, dependientes de grandes empresas de capital extranjero, cuyas operaciones están centradas en zonas geográficas determinadas y requieren personal con una mínima preparación educativa. Este tipo de inmigrantes refleja de algún modo el desarrollo alcanzado por las sociedades de las que emigran. Esta clase de actividad difiere de la cafetalera, tanto en la fase de producción como en la de exportación, determinando el tipo de inmigración.

Es necesario referirse también brevemente a la venida de pensionados y rentistas, amparados por ciertas franquicias que les otorga la ley dictada al efecto. Desde la promulgación de la Ley No. 4812 de 28 de julio de 1971, hasta el año 1978 estos inmigrantes alcanzaban a 2.966. En ese lapso recibieron más de 10 millones de dólares provenientes del exterior y sus inversiones en los bancos ascendieron a más de 17 millones de dólares. (20)

A fin de ilustrar un poco más acerca de los proyectos de inmigración, se puede observar en la página No. 59 un mapa en el cual se ubican geográficamente esos proyectos, independientemente de que se llevaran a cabo; señalándose con número, de los que se sabe su ubicación. En él puede verse que efectivamente los lugares escogidos para la colonización, quedaban lejos de la capital y centros urbanos, donde las vías de comunicación y la actividad económica eran insuficientes para desarrollar productivas colonias agrícolas.(21)

Los proyectos de inmigración alemana

A mediados del siglo pasado se funda en Alemania la "Asociación Berlinesa de Colonización para Centroamérica", figurando entre sus fundadores el Conde Hermann von und zur Lippe, los señores von Retzow y Werther, el político Franz Hugo Hesse y destacándose entre ellos, el Barón Alexander von Bülow.

Bajo estas circunstancias nace la empresa encabezada por Alexander von Bülow, Eduard Delius, Franz Kürtze y Ferdinand Streber, llevando el liderazgo el primero de ellos. Von Bülow tenía experiencia en esas tareas. Había participado en un proyecto de colonización belga-alemán en Santo Tomás, Guatemala, que posteriormente abandonó, centrando sus esfuerzos para traer alemanes a Carlstad, Blufield, en la costa Atlántica de Nicaragua.

La Sociedad Berlinesa de Colonización, encargó al Barón von Bülow, la selección de un terreno apropiado en Costa Rica para formar una colonia alemana, llegándose a determinar para ello una región que se extendía desde las altiplanicies de Turrialba hasta la costa este.

Con el objeto de facilitar aún más la comunicación con los terrenos a cargo de la Sociedad, los accionistas berlineses se unieron con la Sociedad Itineraria del Norte, para construir un camino hacia el Atlántico. Cabe señalar que según Carl Scherzer, la adjudicación total de tierras cedidas y adquiridas llegaba a más de 230.000 acres, que se valorarían notablemente al contar con vías de comunicación adecuadas.

En el año 1851, zarpan de los puertos alemanes tres barcos con emigrantes organizados por la Sociedad, cuyo destino era Costa Rica. En este viaje se enferman la mayoría de los pasajeros, muriendo en la travesía 56 de los provenientes de Bremen y varios más fallecieron en el trayecto por vía terrestre hasta el lugar de destino.

En 1853, sale otro grupo, entre los que venían comerciantes, médicos, hacendados, industriales y trabajadores pero, no agricultores.

Debe señalarse que se efectuaron una serie de viajes entre Alemania y San Juan del Norte, en el Atlántico. Muchos alemanes fueron en un principio a Nicaragua, de donde algunos viajaron a Costa Rica tiempo después.

En 1854, con la experiencia de los viajes anteriores, un nuevo grupo de inmigrantes vino al país pero, esa vez llegaron por Puntarenas, evitando las incomodidades del trayecto por tierra desde el Atlántico hacia el centro del país.

Ante el resultado dejado por los diversos proyectos de colonización, se comienza paulatinamente a abandonar la idea de colonias agrícolas rurales apartadas, a menos que se lograse complementarlas con un comercio intenso con la capital y puertos de embarque; condiciones no muy fáciles de contar en el siglo pasado.

Muchos de los alemanes que participaron en estos proyectos, emigraron soñando con la libertad, tranquilidad y paz política, no del todo frecuente en la Europa de la época; otros pensaban primordialmente en enriquecerse, explotando las grandes extensiones de selva virgen. Pero desafortunadamente, muchos de esos sueños no se convirtieron en realidad.

En esa misma época, numerosas publicaciones informaban acerca de los proyectos de colonización, influyendo poderosamente en Alemania. Dice von Houwald (22) que la emigración era entonces un tema que interesaba a muchas agrupaciones sociales, reuniendo gran número de entusiastas para emigrar. (23)

Una de esas publicaciones informaba sobre los proyectos incentivando la colonización en Centro América, región de la tierra hasta el momento poco conocida. Varios cientos de familias berlinesas se inscribieron en los registros de emigrantes levantados al efecto, engrosados fundamentalmente por los alemanes del norte del país, región de la cual proviene el mayor contingente de emigrantes hacia Centroamérica.

Haciendo una breve reseña acerca del lugar de origen de los alemanes, se puede señalar las siguientes regiones y ciudades: Westfalen, Nordwesten, Schleswing, Hambur go, Mecklenburg, Berlín, Ostgebiete, Rheinland, Bayern, Bonn, Pommern, Kassel, Hannover, Bremen, Lübeck, Heidelberg.

Por otra parte, el gobierno de Costa Rica se dirigió por medio de la vía diplomática a Alemania, con el fin de establecer las bases para el proceso de inmigración, en el cual tenían gran interés los grupos allegados al poder económico y político.

Gran parte de los colonos alemanes que llegaron a mitad de siglo atraídos por los proyectos de inmigración que fueron asentados en colonias agrícolas, señala Werner Leopold,(24) trabajaron en madera cultivando café y cacao, pero el clima insalubre de algunas regiones y las dificultades de comunicación los llevaron al fracaso, trasladándose muchos colonos al valle central, donde existían mejores condiciones de vida.

El mismo autor, establece tres tipos de inmigrantes alemanes: comerciantes, artesanos e intelectuales. Todos ellos tuvieron gran importancia para la Costa Rica del siglo XIX. Los comerciantes venían siguiendo al Conde zur Lippe; los artesanos sirvieron de base para la inmigración de von Bülow; los intelectuales vinieron por lo general por iniciativa propia. (25)

Como ya fuera señalado, deben recordarse también los intentos de colonización promovidos por don Crisanto Medina en la región de Miravalles; el de Wilhelm Marr para traer inmigrantes; el de Theodoro Koschney para traer colonos a la costa Atlántica; y el de August Gessler para colonizar la isla del Coco en el Océano Pacífico.

Sin duda el Barón Alexander von Bülow —personaje controversial por sus alocadas hazañas que con su lema: "Si no puedo construir pueblos voy a construir ciudades"— fue el pionero y el único que promovió un gran proyecto de colonización alemana en suelo costarricense, aún cuando las condiciones dadas no fueran del todo ventajosas y se complicaran aún más al verse comprometido el país en la guerra contra los filibusteros. Los filibusteros proyectaban ampliar el poder de los Estados del sur de Estados Unidos en Centro América en el año 1856. Ese mismo año fallece a causa de la epidemia del cólera, producto de la guerra, el Barón von Bülow. El canalizó la corriente migratoria alimentada por el descontento producido por los disturbios revolucionarios de 1848 en Alemania —sobre los cuales se hablará más adelante— además de otras causas.

Sobre la colonización alemana y los numerosos proyectos planteados durante el siglo pasado, apunta en interesante cita Moritz Wagner:

> "...no ha dado resultado, hasta ahora, ninguno de los distintos proyectos de introducir a Costa Rica inmigrantes en gran escala, algunos que lograron llegar a este magnífico y extenso valle elevado de cordilleras, aislados o en pequeños grupos, después de muchas molestias y penalidades, se dispersaron de nuevo, a pesar de todo eso, forman los alemanes la parte más numerosa de los extranjeros en Costa Rica." (26)

¿Por qué emigran los alemanes?

Con el objeto de poder determinar las causas por las cuales se produce la emigración alemana, debe revisarse la historia política, social y económica de Alemania buscando encontrar allí las posibles causas y explicaciones de este fenómeno migratorio.

Entre los acontecimientos más relevantes del siglo pasado, se pueden mencionar los hechos políticos de 1848 acaecidos en la vecina Francia, que culminan con la invasión de las "Fullerías e imposición al rey Luis Felipe de ciertos cambios institucionales. Estos hechos repercutieron en Alemania provocando una serie de manifestaciones alentadas por los liberales y nacionalistas alemanes, alterándose de este modo el ya efervescente panorama político europeo.

Las insurrecciones populares que se extienden por toda Europa tienen importantes consecuencias en Alemania. Los príncipes alemanes se ven obligados a satisfacer algunas de las demandas liberales en cuanto a libertades políticas e igualdad civil, iniciándose también la unificación nacional. (27)

Años más tarde, Bismarck consiguió neutralizar el clima de intranquilidad surgido a mitad de siglo, uniendo a los príncipes de origen germano, después de obligar por las armas a Austria a renunciar a su política imperial. Al concluir la guerra franco-prusiana se constituye alrededor de 1870 el Primer Reich.

> "La unidad alemana, obra de Prusia, se realizó mediante tres guerras: la guerra de los Ducados (1864), la guerra austro-prusiana (1866) y la guerra franco-prusiana (1870). ...Bismarck fue uno de los principales dirigentes de la política europea, primero como Ministro del rey de Prusia (1862-1871), y después como Ministro del Emperador de Alemania (1871-1890)." (28)

Ya constituido el Imperio Alemán, llega la Primera Guerra Mundial y Alemania es derrotada sin haber podido satisfacer sus intereses expansionistas.

En 1918 una vez concluida la guerra cae el Kaiser Guillermo II, formándose un gobierno de tipo socialista. Se afirma el predominio de los social demócratas. Una Asamblea Constituyente es convocada y proclamada, erigiéndose el Segundo Reich o República de Weimar.

Sin embargo, las medidas que toma el gobierno para reconstruir Alemania no son suficientes. La guerra provocó graves consecuencias para la nueva República —tanto en el orden económico como social— resultado de los compromisos económicos impuestos por el Tratado de Versalles. A esto debe agregarse el deterioro de la moneda y el desenfrenado proceso inflacionario que afectó directamente a la población de escasos recursos y con poca protección estatal.

Aún bajo este sombrío panorama en lo económico, social y político, se da cierto florecimiento cultural, desarrollo científico y tecnológico, destacándose los alemanes, frente a sus vecinos europeos.

En tales condiciones se radicaliza la situación política -alentada desde el exterior por el triunfo del comunismo en Rusia- . Una serie de factores sociopolíticos, facilitan la llegada al poder de Adolfo Hitler -líder del nacionalsocialismo- nombrado Canciller del Reich en 1933. Se abre así, una nueva etapa en la historia de Alemania, que finalizaría con la derrota en la Segunda Guerra Mundial y la consecuente caída del régimen nazista.

Finalizada la Guerra, Alemania queda dividida. Las tropas aliadas ocupan la zona occidental, donde en 1949 se crearía la República Federal Alemana. En la zona oriental —ocupada por las tropas soviéticas— se funda la República Democrática Alemana. La línea fronteriza entre ambos Estados pasa por Berlín, la antigua capital del país. Un muro separa a la población que, durante años, había constituido la nación germana.

Hay que señalar también el aspecto demográfico. Gustav Stolper expresa que es necesario vincular este aspecto a los económicos. La agricultura, aún tecnificada, no alcanza a satisfacer las necesidades del país, obligando a recurrir a las importaciones de alimento y al desplazamiento de mano de obra por máquinas. Alemania era un país eminentemente agrícola; de una población de 41 millones de habitantes en 1871, el 64% vivía en el campo dedicado al agro.

El crecimiento demográfico y el excedente de mano de obra es neutralizado por la emigración que actúa como elemento compensador. De tal modo, entre 1840 y la Primera Guerra Mundial, emigran más de cinco millones de alemanes, dirigiéndose cerca del 90% hacia Norteamérica.

En cuanto a los aspectos económicos señala Stolper, que el sector industrial comienza a desarrollarse en varias regiones del país, sobre todo donde ya existía cierta organización económica. A finales del siglo XIX llega a alcanzar uno de los primeros lugares en Europa —en cuanto a índices de producción se refiere— factor que contribuye a la expansión económica, las mejoras en la educación pública, el fortalecimiento de la banca y el mercado interno, procesos en los que el Estado tuvo importante participación.

POBLACION DEL REICH ALEMAN

AÑO	POBLACION (MILES)	AUMENTO POR DECADAS (%)
1816	24.833	--
1825	28.113	13,2
1835	30.802	9,6
1845	34.290	11,3
1855	36.138	5,4
1865	39.548	9,4
1875	42.518	7,5
1885	46.707	9,9
1895	52.001	11,3
1905	60.314	16,0
1915	67.883	12,5

Stolper, Gustav - Ob. Cit. p.44

EMIGRACION ALEMANA A ULTRAMAR

AÑOS	EMIGRANTES
1821-1830	8.500
1831-1840	167.700
1841-1850	469.300
1851-1860	1.075.000
1861-1870	832.700
1871-1880	626.000
1881-1890	1.342.400
1891-1900	529.900
1901-1910	279.600
1911-1920	91.000
1921-1930	567.300
TOTAL	5.989.400

Stolper, Gustav - Ob. Cit. p.44

La agricultura, aún insuficiente, se moderniza e intensifica, la banca recibe un gran impulso. El auge en el comercio y la industria alemana se da paralelamente a la bonanza económica producto del descubrimiento de oro en California, que impulsa la economía y mantienen cierto ritmo hasta la crisis internacional de 1857.

COMERCIO EXTERIOR ALEMAN
En marcos, sin considerar reexportaciones
(Cifras en millones)

AÑOS	EXPORTACIONES	IMPORTACIONES
1872	2.492	3.465
1880	2.977	2.844
1890	3.410	4.273
1900	4.753	6.043
1910	7.475	8.934
1913	10.097	10.770

Stolper, Gustav - Ob. Cit. p.55

La banca, estimula la industrialización, los bancos alemanes cumplen el papel de instituciones financieras del sector industrial y comercial, a diferencia de los bancos de ahorro y crédito de modalidad inglesa y norteamericana, cumplirá un importante papel en la expansión económica de Alemania.

En 1880, el comercio exterior alcanza el cuarto lugar —después de Gran Bretaña, Francia y los Estados Unidos— llegando a ocupar Alemania el segundo lugar años antes de la Primera Guerra Mundial.

COMERCIO EXTERIOR ALEMAN
(Cifras en millones)

AÑOS	EXPORTACIONES*	IMPORTACIONES	
		Alimentos	Mats. Primas
1890	2.148	1.397	1.797
1913	7.536	3.049	5.003

*Productos terminados y semiterminados
Stolper, Gustav - Ob. Cit. p.56

Las exportaciones como se puede apreciar se duplican prácticamente entre 1872 y 1900. Sin embargo Alemania no deja de depender de la importación de materias primas y alimentos, como se aprecia en el cuadro siguiente:

En América Latina —señala el mismo autor— la influencia del capital alemán se da a través del Deutsche Weberseebank, fundado en 1886, subsidiario del Deutsche Bank y también a través del Sudamerikanische Bank. A partir de 1906 ambos

62

bancos buscan establecer una red de sucursales y agencias por toda América Latina a fin de facilitar la colocación del capital alemán, invirtiendo en diferentes actividades económicas.

Como se puede apreciar, la economía alemana ha transitado por varios ciclos, influenciados tanto por acontecimientos puramente internos como por el acontecer internacional. Los movimientos migratorios giran alrededor de muchos de los factores anteriormente apuntados e influirán en los movimientos de población, a tratarse más en detalle seguidamente.

En resumen deben apuntarse los siguientes factores decisivos para la emigración:

1.   Los acontecimientos políticos de mediados del siglo pasado, que provocan una serie de cambios en las estructuras políticas, económicas y sociales. De uno u otro modo esos acontecimientos afectan a importantes sectores de la población que, como salida de esa nueva realidad alemana deciden emigrar.

2.   Las limitaciones que debe enfrentar Alemania por no haber participado en el proceso de colonización de África, Asia y América —como lo habían hecho Gran Bretaña, España, Portugal, Bélgica, Francia, Holanda e Italia— limita su poderío económico y el rol geopolítico que pretendía desempeñar en el ámbito internacional.

3.   El descontento a raíz de las medidas políticas que adopta el Kaiser —a instancias de Bismarck— sobre todo en las ciudades de HANSA, adversas al militarismo y afán expansionista prusiano.

4.   El contraste notorio entre Alemania —con un desarrollo limitado— y el resto de Europa. (Superándose en la segunda mitad del siglo XIX).

5.   El desempleo y las pocas perspectivas de un rápido mejoramiento en lo social y económico, sumado a la inestable paz europea.

6. La tecnificación del agro hasta alcanzar el límite de la frontera agrícola, por estar ya parcelado el territorio destinado a esa actividad.

7. El afán de expansionismo, generador de constantes conflictos bélicos que necesariamente envuelven a la población.

8. Las consecuencias de la Primera Guerra Mundial. La ocupación de las márgenes del río Rhin por Francia provoca la retirada del capital alemán invertido en industria y otras actividades productivas que generan ocupación.

9. La imposición a Alemania del Tratado de Versalles que prácticamente deja al país en la bancarrota, con una inmensa deuda externa y pocas posibilidades de una pronta recuperación.

10. La inflación de los años 1922-1923 y la crisis económica internacional de 1929-1930, que afecta en mayor grado a Alemania sumida desde hace años en crisis económica.

11. El establecimiento del régimen nazista — encabezado por Adolfo Hitler— que disuelve el Parlamento, inicia la persecución de los judíos e invade Polonia, como primer paso de la Segunda Guerra Mundial.

Estos factores influyen sin duda de alguna manera en los movimientos migratorios, generando la emigración de gran cantidad de alemanes hacia regiones y continentes lejanos de su tierra natal donde buscarán, fundamentalmente, paz y tranquilidad.

El Estado alemán interesado por resolver algunos de sus muchos problemas económicos, sociales, políticos y demográficos, decide actuar respaldando y contribuyendo a la emigración que alcanza a más de cinco millones de personas en un término de cien años. La acción estatal se basa en el interés existente en algunos sectores de la población por emigrar, obligando al gobierno a intervenir, regulando las migraciones y legislando al respecto.

De este modo, se crea un organismo oficial de emigración — la Oficina de Emigración (Reichsstelle für das Auswanderungswesen)— cuyas funciones esenciales son las de centralizar la documentación relativa a la emigración. Posteriormente, en 1924, se establece la Oficina Federal de Emigración (Reichwanderungsamt), con funciones mucho más amplias que la anterior.

Fuera de Alemania, la protección de los emigrados queda a cargo de los cónsules. En Argentina y México se designan comisarios especiales para emigración.

Colaboran con los organismos oficiales —tanto en la información como colocación de emigrantes— instituciones tales como la Unión de Asociaciones de Protección de Emigrantes Alemanes (Arbeitsemeinschaft für Deutsche Wanderungswesen) que agrupa a más de ochenta sociedades. También participa el Instituto Alemán del Extranjero (Deutscher Auslandssinstitut), organismo de información para preparar e instruir a los futuros emigrantes.

Por otra parte mediante la emigración se pretende respaldar el comercio exterior alemán, haciendo para ello los mismos esfuerzos que las otras naciones europeas y los Estados Unidos. Para cumplir esa tarea se destacan representaciones oficiales en los distintos países de América Latina.

Así, en 1844, es nombrado Cónsul General para Centro América Karl Rudolf Klee (29) residente en Guatemala — quien representa a las ciudades de Hamburgo, Bremen y Lübeck. Un año más tarde, es nombrado Cónsul General prusiano para Centro América, ampliando de esta manera el radio de acción política y económica alemán.

¿Por qué emigrar a Costa Rica?

"... don José Manuel Carazo... recomienda por consiguiente, una inmigración moderada y no una gigantesca, como en Norte América. Él prefiere la llegada de alemanes a la de ingleses y todavía estos últimos a los yanquis..." (30)

Del mismo modo que se trata de encontrar los motivos por los cuales los alemanes emigran, es necesario establecer por qué una parte de ellos lo hacen a Costa Rica. De ahí que sea necesario hacer un poco de historia del país.

Sin duda uno de los elementos más importantes es la independencia política de España, a inicios del siglo XIX, que conduce a la apertura de las puertas para la migración internacional. Esta circunstancia motiva la venida de extranjeros hacia América y por ende a Costa Rica. Otro de los motivos es el descubrimiento del oro en California, en 1848, que genera una importante corriente migratoria. El descubrimiento del oro repercutirá en todo el continente americano. Hay que tomar en cuenta que los viajeros procedentes de Europa tenían que seguir las siguientes rutas para llegar al oeste de los Estados Unidos:

1. Atravesar el océano Atlántico y cruzar el territorio de Norteamérica por tierra.

2. Atravesar el océano, para dar la vuelta por el Estrecho de Magallanes en el extremo sur del Continente y salir al océano Pacífico.

3. Atravesar el océano, para arribar a la desembocadura del río San Juan —frontera con Nicaragua— y salir al océano Pacífico a través de territorio nicaragüense.

Las penurias y la larga duración de estos viajes incita a un gran número de emigrantes —al menos de los que lleguen hasta el río San Juan — a desestimar la idea de continuar la larga travesía, viniendo algunos a Costa Rica.

Otro motivo de la migración hacia América Central, es la construcción del Canal de Panamá en la cual participan alemanes —fundamentalmente técnicos e ingenieros — que buscarán luego mejores condiciones de vida en Costa Rica.

También se deben considerar los intentos de colonización alemana en Santo Tomás, Guatemala y Carlstad (Nicaragua), lugares de donde posteriormente viajan algunos colonos a Costa Rica, con el objeto de radicarse.(31)

Debe agregarse los diferentes proyectos de inmigración promovidos por los gobiernos de Costa Rica que, si bien no condujeron al establecimiento de colonias numerosas, sí facilitaron la venida al país de muchos alemanes deseosos de emigrar.

Por otra parte, tiene que señalarse que no era fácil la venida espontánea de inmigrantes a Costa Rica, sobre todo durante la primera mitad del siglo XIX por cuanto:

> 1.   Costa Rica no era un país conocido pues no figuraba como punto importante del comercio internacional, al menos hasta el auge cafetalero. Al respecto apunta von Houwald:

> "...grande era la ignorancia del público europeo sobre el Nuevo Mundo, que basta el rey prusiano, al proponerle su ministro de relaciones exteriores en 1850 reconocer diplomáticamente a Costa Rica, contestó: —Me alegro infinitamente tener la oportunidad de reconocer la República de Costa Rica, de la que no había oído nunca hasta ahora."(32)

> 2.   La información que se tenía del exterior también era escasa y poco frecuente. Los inmigrantes quedaban prácticamente incomunicados con el resto del mundo y con sus países de origen. Al respecto señala Moritz Wagner:

"El correo de Europa sólo viene cada quince días y por eso no puede "La Gaceta", publicar más de dos veces novedades del escenario mundial. Los asuntos políticos, las guerras y los acontecimientos que conmueven al mundo, despiertan en el costarricense poco interés."(33)

El viaje por mar era muy largo, arriesgado y caro; la travesía por tierra difícil y peligrosa por carecer el país de vías de fácil acceso hacia los puertos y países limítrofes.

Los intentos gubernamentales por promover —las migraciones como ya se indicara— no llegan a ser realidad por falta de una política planificadora y respaldada económicamente.

La falta de hospitalidad del costarricense del siglo pasado que no correspondía al interés por recibir inmigrantes.

"La casa de un costarricense no se abre a un extranjero, en general por más brillantes que sean sus cartas de recomendación.

... Hablé con algunos alemanes, ingleses y norteamericanos, cuyo trato con familias del país se limita, a pesar de llevar muchos años de vivir en la República, a visitas dominicales, pero quienes nunca han sido invitados a un almuerzo o cena de confianza. "(34)

Este elemento es muy importante en tanto hará aún más difícil la integración del inmigrante a la sociedad nacional.

El atraso en que se encontraba Costa Rica después de la independencia de España en todos los terrenos; situación que comienza a superarse al ingresar el país al mercado internacional, alcanzando en pocos años uno de los lugares de mayor adelanto en el área. Sin embargo muy bien ilustra la época Moritz Wagner al escribir:

"Cuando cabalgábamos por las calles de la ciudad, ésta nos parecía tan aldeana que no podíamos creer que estábamos efectivamente en San José, la capital de la maravillosa Costa Rica."(35)

Sin embargo muchos de estos factores en principio negativos, se convirtieron en fuentes de atracción para algunos extranjeros, Costa Rica debido precisamente a su atraso era un campo virgen en muchas actividades en las cuales el alemán podía participar y desarrollar. Además, la falta de información y vías de comunicación impedían una inmigración extranjera en masa que entrara en competencia con los nacionales e inmigrantes residentes.

Claro está que las condiciones varían sustancialmente al pasar Costa Rica a exportar café e inscribirse en la esfera internacional.

Cabe señalar por otra parte que el país por contar con una serie de características muy particulares, interesa a los alemanes. Algunas se señalan a continuación:

1. El mayor adelanto logrado gracias a la expansión cafetalera, que sacaría al país del atraso en que se encontraba frente a las otras naciones del istmo, hecho que no necesariamente contribuiría a facilitar una inmigración en masa.

2. El establecimiento de representaciones comerciales de firmas exportadoras alemanas, así como el contacto que se establece con los puertos y líneas navieras alemanas.

3. El establecimiento de relaciones diplomáticas entre Costa Rica y las ciudades Hanseáticas y posteriormente con el Imperio Prusiano.

4. La regular estabilidad política y la ausencia de enfrentamientos bélicos, salvo el de 1856, que envuelve al país en guerra contra los filibusteros.

5. El interés de los gobiernos costarricenses por promover la venida de inmigrantes alemanes, acción que generaría su interés por emigrar.

6. La población predominantemente de origen español que distinguía a Costa Rica de los demás países del área.

7. La topografía del Valle Central y zonas altas, el clima y la fertilidad de la tierra.

Todas estas características promoverían la venida de alemanes al país que, por lo general, vienen solos o con sus familias, no constituyendo una colectividad de inmigrantes que se asienta en un lugar determinado por el gobierno, a pesar de los intentos que no progresaron por causas ya señaladas anteriormente.

El alemán viaja a Costa Rica por iniciativa propia y se instala donde más le conviene. Incluso los que llegaron a raíz de los proyectos de inmigración se dedican a la actividad que más les interesa. Esta característica los distingue de otros grupos —tales como los italianos contratados para construir el ferrocarril al Atlántico o los jamaiquinos, que vienen a trabajar en la producción bananera— situados en una región claramente definida.

Los alemanes que emigran a Costa Rica, se ubican básicamente —en cuanto a actividad económica— en el sector secundario y terciario dedicándose a la industria artesa- nal, prestando sus servicios al Estado o estableciendo casas comerciales. No figura entre ellos un contingente de agricultores.

Sin embargo, una vez arraigados en alguna de esas actividades, se vinculan al café, y por ende, al agro.

El alemán proviene de una sociedad tecnológicamente más avanzada que la costarricense. Muchos de ellos tienen algún grado de profesionalización y poseen un bagaje cultural que les facilita las relaciones con los sectores sociales, económica políticamente poderosos.

Debe hacerse notar, que el desarrollo de la actividad cafetalera y el auge que alcanza en el mercado internacional, crean una serie de cambios y expectativas para el país, generando nuevas actividades empresariales en el campo privado y público. El Estado requiere técnicos y asesores en materias tales como hacienda, obras públicas, transporte, educación y salud. Campos en los que el alemán se desenvuelve, alcanzando importantes posiciones dentro de la sociedad. Asegurará y fortalecerá esas posiciones al vincularse con la clase política que maneja la producción cafetalera. Este tema se desarrollará en mayor amplitud en los capítulos siguientes.

NOTAS

1. Stein, ob. cit. pp. 61-62.
2. Magnus Mörner, La mezcla de razas en la historia de América Latina (Buenos Aires: Editorial Paidos, 1969).
3. Stein, ob. cit. p. 66.
4. Rodrigo Fació Brenes, Estudios sobre economía costarricense (2a. Edición, San José: Editorial Costa Rica, 1975) p. 35.
5. Stone, ob. cit. p. 79.
6. Ibid, p. 79.
7. Carolyn Hall, El café y e! desarrollo histórico geográfico de Costa Rica (San José: Editorial Costa Rica, 1978). '
8. Stone, ob. cit. p. 239.
9. Rodolfo Cerdas Cruz, Formación del Estado en Costa Rica (2a. Edición, San José, Editorial Universidad de Costa Rica, 1978) p. 69.
10. Carlos Monge Alfaro, Historia de Costa Rica (14a. Edición, San José: Editorial Trejos Hnos., 1978) p. 226.
11. Stone, ob. cit. p. 13.
12. Cardoso y Pérez, ob. cit. p. 239.
13. Mario A. Ramírez Boza y Manuel Solís Avendaño, El desarrollo capitalista en la industria costarricense (1850-1930) 2 Vols. (San José: Tesis Universidad de Costa Rica, 1979).
14. Hall, ob. cit. p. 53.
15. Moritz Wagner y Karl Scherzer, La República de Costa Rica en la América Central 2 Vols. (San José: Ministerio de Cultura, 1974) p. 49 Vol. 1.
16. Ephraim George Squier, "Los Estados de Centroamérica" Costa Rica en el siglo XIX de Ricardo Fernández Guardia (2a. Edición, San José: EDUCA, 1970) p. 296.
17. Consultar: Ralph Hancock y Julian Weston, The lost treasure of Cocos Island (Nueva York: Thomas Nelson & Sons, 1960).
18. Consultar: José Manuel Salazar Navarrete, Tierras y colonización en Costa Rica (San José Tesis, Universidad de Costa Rica, 1962).
19. Marcos W. Bogan Miller, "La población", Chester Zelaya G. Costa Rica Contemporánea 2 Vols. (San José: Editorial Costa Rica, 1979) p. 62. Vol. 2.
20. La Prensa Libre "¿Conviene o no al país derogar la ley de pensionados y rentistas?" (San José, 4 de mayo de 1979) p. 7
21. Ampliando sobre el tema de colonización agrícola, consultar: Alberto Sáenz Maroto, Historia agrícola de Costa Rica (San José: Universidad de Costa Rica, 1970).

22. Göetz von Houwald Los alemanes en Nicaragua (Managua: Editorial y Litografía San José, 1975).

23. Respecto a la inmigración alemana hacia América Latina, se sugiere consultar: Harmut Fröschle, Die Deutschen in Lateinamerika (Basel: Horst Erdmann Verlag, 1979).

24. Werner Leopol, Der Deutschen in Costa Rica (Hamburg: Ed. Verlag Hanseatischer Merkur, 1966) p. 19.

25. Ibid, p. 22.

26. Wagner, ob. cit. pp. 213-214 Vol. 2.

27. Debe señalarse que en gran medida coinciden las ciudades y regiones de emigración alemana, con los lugares donde se producen levantamientos y manifestaciones a raíz de la revolución de 1848. Al respecto consultar: CVK Atlas zur Geschnichte (Berlín: Ed. Cornelsen-Velhagen & Klasing, 1975).

28. Jesús P. Martínez, Historia Universal (2a. Edición, Madrid: Eds. y Publicaciones Españolas, 1967) p. 94.

29. El Mentor Costarricense (San José, sábado 21 de enero de 1843).

30. Wagner, ob. cit. p. 213 Vol 1.

31. Acerca de la inmigración alemana a Centroamérica consultar los siguientes autores:

32. Hartmut Fróschle, "Die Deutsche in Mittelamerika" Ekkehard Zipser und Harmut Fróschle, "Die Deutschen in Guatemala", ambos en Harmut Fróschle, ob. cit.

33. Von Houwald, ob. cit. p. 11.

34. Wagner, ob. cit. p. 20. Vol. 1.

35. Scherzer, ob. cit. p. 274. Vol. 1.

36. Wagner, ob. cit. p. 168. Vol. 1.

CAPITULO III: los alemanes en Costa Rica

El 18 de setiembre de 1502 al fondear Cristóbal Colón en Cariari, Costa Rica abría sus puertas a Occidente iniciándose una larga etapa de cambios y transformaciones, llevados a cabo durante la Conquista, Colonización e Independencia. Procesos en los cuales el inmigrante iba a desempeñar un papel primordial, por ser el portador de la "cultura europea", sirviendo como vehículo para su transferencia al Nuevo Mundo. En este proceso, el inmigrante español llevó a cabo la Conquista y Colonización de manera directa por espacio de algunos siglos, durante los cuales se fijaron las pautas por las cuales se regirían las provincias durante el reinado español; pautas que no desaparecerían del todo durante la vida independiente.

Después del reinado español y de la inmigración española en masa, vinieron a Costa Rica gentes de otros lugares del globo, motivados por espíritu aventurero, ansias de libertad, afán de progreso y deseos por descubrir algo más allá del acostumbrado horizonte.

Así, al estudiar la historia de Costa Rica, se encuentran con regular frecuencia nombres de europeos y particularmente de alemanes, ubicados en diferentes quehaceres de la vida nacional, poniendo de manifiesto la presencia del pueblo germano en el desarrollo del país a partir de sus primeros años de vida independiente.

En cuanto a la venida de los alemanes, se pueden distinguir cuatro períodos de inmigración, de los cuales se hará un breve señalamiento.

El primer período, se extiende desde 1821 —al declararse la independencia de España— hasta los inicios de la actividad cafetalera en los años 1840-50. Se caracteriza por la continuidad de un modelo de economía colonial, la gestación de la estructura política naciente, la ausencia casi total de relaciones a nivel internacional, la estructura económica poco diferenciada, la presencia de apenas unos cuantos extranjeros y el notable atraso en todos los campos de la vida nacional.

El segundo período, se inicia al comenzar la actividad cafetalera años 1840-50 - hasta 1910-20, Primera Guerra Mundial. Dentro de él se destacan el auge de la actividad cafetalera; la incorporación de Costa Rica al mercado internacional; la formación de las sociedades exportadoras; la presencia del capital financiero inglés; el comienzo de la diferenciación social; la guerra contra los filibusteros (1856), en la cual los alemanes residentes colaborarían con el gobierno; la formación del Estado liberal; el emprendimiento de obras públicas; los proyectos de inmigración y colonización agrícola; la construcción del ferrocarril al Atlántico y la implantación de los enclaves bananeros por el capital norteamericano; la consolidación de la élite agro- exportadora; la inserción y desarrollo del capital extranjero; la venida de inmigrantes desde diferentes latitudes y la Primera Guerra Mundial.

El tercer período, comienza una vez terminada la Primera Guerra Mundial y concluye al inicio de la Segunda Guerra Mundial, en la década de 1940. Se identifica por la crisis del modelo agroexportador; la baja en las exportaciones y déficit del Estado; la crisis mundial de los años 30; el surgimiento de nuevas ideologías y la internacionalización del marxismo y del nacional socialismo; la hegemonía del capital norteamericano y el desplazamiento del poderío inglés; la inversión extranjera; la ruptura diplomática con Alemania y países del Eje; la creación de la Junta Interventora de los bienes de los residentes alemanes; el surgimiento de nuevas fuerzas políticas y económicas y las nuevas demandas objeto de atención del Estado.

El cuarto período, se inicia al término de la Segunda Guerra Mundial y se extiende hasta la actualidad(1) Durante estos años regresan muchos de los alemanes desterrados a raíz de la Guerra Mundial; se restablecen las relaciones diplomáticas; el Estado adquiere un papel paternalista; crece el sector público; se introduce el modelo económico de sustitución de importaciones; se ingresa al Mercado Común Centroamericano; se introducen grandes corporaciones internacionales; se moderniza la economía y el aparato gubernamental y, finalmente, el país cobra mayor importancia dentro del acontecer político internacional.

Debe aclararse que esta división de la historia costarricense en períodos, está basada en el propio desarrollo económico, social y político del país, dentro del cual se gesta la clase política, vinculada al cultivo y exportación del café. A través de cada período, tanto el Estado como la oligarquía cafetalera, experimentan notables cambios en su estructura y composición, muchos de ellos debidos a causas internas, otros al acontecer externo.

Para el objeto de este estudio solamente se contemplará el análisis en detalle de los dos primeros períodos, pues es durante ellos y no en los dos últimos, cuando se da la inserción más importante de inmigrantes alemanes en las estructuras social, económica y política, en las cuales como se verá, sus descendientes han ocupado relevantes lugares en el quehacer nacional. Así pues, el estudio de los alemanes estará determinado por el desarrollo económico, social y político costarricense que, por motivos prácticos, se ha dividido en períodos.

Conviene aclarar una vez más que los alemanes llegados a Costa Rica, lo hicieron en su mayoría en forma individual o acompañados de sus familias. No constituyen un grupo o colonia de inmigrantes férreamente unidos, como es el caso de otras nacionalidades. Por ello cuando se hace referencia al "grupo alemán", o a "los alemanes", no debe interpretarse necesariamente como sinónimo de "colectividad", puesto que no es el caso de este inmigrante.

Primer período (1821 a 1840-50)

El 15 de setiembre de 1821 al declarar Guatemala la independencia de España, fueron informadas y convocadas las demás provincias del istmo, a fin de constituir la República Federal. Costa Rica una vez enterada de tal acontecimiento, organizó su primera "Junta Superior Gubernativa", que se encargaría de sentar las bases del nuevo sistema institucional. Posteriormente, en 1838, al cerrar sus sesiones el último Congreso Federal, se declararon libres los Estados participantes en la Federación, circunstancia que señalaría nuevas modificaciones y transformaciones en la vida política del país.(2)

Es a Juan Mora Fernández —primer Jefe de Estado que tiene el país a quien le corresponde realizar los primeros intentos gubernamentales para impulsar la incipiente actividad agrícola y comercial, como también demostrar cierto interés por buscar nuevas vías de comunicación. Bajo su administración se creó la Casa de la Moneda, se introdujo la primera imprenta, aparecieron los primeros periódicos, se confirmó la integración del Partido de Nicoya (territorio ubicado al noroeste del país), se buscó fortalecer el sistema educativo y se ofrecieron terrenos baldíos para desarrollar actividades agrícolas.(3)

Durante los primeros años de vida independiente la sociedad costarricense no presentaba grandes diferencias en cuanto a su estructuración, rasgo señalado por diferentes historiadores e investigadores sociales.

Al respecto Carlos Monge señala que no hubo grandes diferencias sociales, no surgió una clase aristócrata poderosa, sin embargo este panorama iría cambiando conforme comienzan a desenvolverse las actividades agrícolas mercantiles, labores que proporcionarían ganancias a las familias o grupo dedicado al negocio.

La producción agrícola de la época —señala el mismo historiador— consistía en caña de azúcar, tabaco, maíz, trigo, frijoles, arroz, yuca, camote, zapallo, frutas, combinada con algunos trapiches y actividades agropecuarias como la cría de ganado vacuno, porcino y aves de corral.(5) El viajero John Hale, que vino al país durante los primeros años de su vida independiente, describe la Costa Rica de la época, del siguiente modo:

> "El poco intercambio que ha tenido esta provincia con otras partes del mundo se revela en lo siguiente: los brazos y platillos de las balanzas son de madera toscamente labrada; las pesas consisten en piedras que recogen en las calles y prueban en alguna tienda. Las gentes miran los productos extranjeros como artículos milagrosos, ni siquiera ha sido importada la útil carretilla, sin la cual nuestros canales y otras grandes empresas no se habrían facilitado; no tienen idea de los utensilios que fabrica el tonelero, no usan la rueca, y las máquinas para sembrar algodón y limpiar café serían una novedad. En toda ia provincia no se ha visto una paila. En suma, hay centenares de nuevos inventos y artículos de uso diario de los que nada se sabe..."(6)

Por otra parte, Jaime Daremblum señala que en las primeras décadas del siglo pasado, se manifiesta cierta continuidad de la economía colonial, caracterizada por la dependencia de España y el gran atraso en el campo productivo. (7)

En cuanto a las perspectivas que se presentaban en el campo económico, el historiador Carlos Araya Pochet, señala:

> "La minería se convertirá entre 1821 y 1843 en una de las opciones económicas que más preocupaba a los costarricenses en la búsqueda de una economía que superara el aislamiento colonial y permitiera establecer nexos permanentes con el mercado mundial. De allí que esta actividad, al igual que la caña de azúcar, el tabaco, el café y las materias extractivas, se convirtieron en ramas de la producción, que el país trataba de impulsar con mayor o menor éxito para su plena inserción en el modelo de "desarrollo hacia afuera", que se estableció en los mecanismos de división internacional del trabajo, reelaborados después de la Revolución Industrial, en que a Costa Rica, como al resto de América Latina, le

correspondió jugar el papel de suministrador de materias primas y productos agrícolas dentro de la órbita del incipiente capitalismo decimonónico."(8)

Como se puede apreciar, coinciden las descripciones de la época hechas por los viajeros y los que son producto de la investigación histórica. Lo mismo sucede cuando se dice que esta situación de atraso cambia, a raíz de la incorporación de actividades no tradicionales en el campo económico, siendo particularmente importante el auge que toma la producción cafetalera que regiría las relaciones de Costa Rica con el mercado internacional.

En torno a los aspectos demográficos, debe señalarse que a principios del siglo XIX la población era escasa. En 1824 había 65.393 habitantes, distribuidos en un gran porcentaje en áreas rurales. Posteriormente, en los años 1836 llegaban a 78.365 y, en 1844 a 93.871, lográndose un notable incremento.(9)

La presencia de extranjeros durante esos años es reducida en cuanto a su número. Respecto a los alemanes, John Lloyd Stephens decía que entre los alemanes residentes se encontraban los señores Johan Barth, Georg Stiepel y Eduard Wallerstein. Monseñor Sanabria al referirse a ellos hace mención de los señores Emilio Dibowsky, Franz Dittel, Franz Kürtze y Salvador Tonson.

Los apellidos extranjeros que figuran en las "Genealogías de Cartago",(10) se clasifican según su nacionalidad de la siguiente manera:

Como se puede palpar, la población de inmigrantes europeos y particularmente de los alemanes, era muy reducida. Se trataba de personas que vinieron por motivaciones casi del todo personales. No formaban parte de proyectos de inmigración colectiva ni tampoco debían su venida a compromisos adquiridos con el gobierno costarricense que, como se señalara, transitaba por un período de consolidación en cuanto a sus estructuras estatales.

ORIGEN	No.
España	285
Centroamérica (con Panamá) y México	116
América del Sur	31
Otros países	44

De estos últimos 44, atendiendo a su origen, se hace el siguiente desglose:

Alemania	4
Estados Unidos	1
Flandes	2
Francia	10
Grecia	3
Inglaterra	4
Irlanda	3
Italia	12
Portugal	3
Suecia	1
Austria	1
TOTAL	44

El proceso de integración de estos primeros inmigrantes y sus seguidores, se desarrolla a través de una serie de etapas que van desde aprender el idioma e insertarse en el aparato productivo, hasta vincularse con los grupos sociales dominantes. Grupos poco frecuentados entonces por extranjeros, no tanto porque fueran círculos muy cerrados, como por el poco contacto que tenían con el exterior del país y debido a que los inmigrantes eran aún muy escasos por esos años.

Sin embargo la minoría de extranjeros radicada en Costa Rica, no veía cerradas las puertas a la sociedad costarricense de la época puesto que los norteamericanos, alemanes y demás europeos, provenían de sociedades tecnológicamente más avanzadas que, en el aspecto personal, se reflejaba en factores tales como poseer conocimientos sobre nuevos y más modernos procesos productivos y adelantos tecnológicos y tener vínculos con el mercado internacional. Estos elementos les facilitaron sin duda poder alcanzar altas posiciones en el ámbito económico caracterizado por su apertura e integrarse a la vez en el esquema social, vinculándose por ende con los políticos y los que tomaban decisiones, de quienes obtuvieron importantes prerrogativas a nivel económico y posibilidades de alcanzar puestos dentro del aparato gubernamental.

En relación con los inmigrantes que vinieron a dedicarse a la minería, Araya Pochet señala:

> "Si bien la inmigración no resultó cuantitativamente importante, tiene hondas repercusiones en el aspecto cualitativo, ya que los inmigrantes eran profesionales mineros, con una vasta experiencia que incluía tanto a Europa como a Latinoamérica, lo que incidió en la incorporación al país de una serie de actividades que llegaron incluso a trascender las puramente mineras, a lo que hay que agregar un aporte en el ensanchamiento de la clase dirigente del país, por la vinculación de la mayoría de sus miembros."(11)

Las actividades a las que se dedicaron los primeros alemanes estaban directamente relacionados con el comercio la minería y básicamente la agricultura. Este es el caso de los señores Barth, Stiepel y Wallerstein, acerca de quienes se hará seguidamente una breve reseña histórico- biográfica y un análisis de su rol dentro del esquema socioeconómico y político costarricense.

Johan Barth: se destaca como el primer alemán que se instala en el país, procedente de Sajonia. En el año 1840 fue nombrado Superintendente de las minas de oro del Monte del Aguacate, perteneciente a la compañía inglesa "Anglo Costa Rican Economical Mining Company". Al dejar sus actividades en la empresa en mención, se trasladó a Alajuela, donde adquirió propiedades y se dedicó al café.

Barth comenzó después a trabajar para el gobierno. Durante varios años fue director de la Casa de la Moneda, relacionándose necesariamente con los gobernantes y políticos de la época.

George Stiepel: nació en Hanover. Muy joven ingresó al ejército prusiano, combatiendo en Dresde, Leipzig y Waterloo. Terminada su actuación militar en Europa se dirigió a Sud América, ingresando al ejército del Perú. Posteriormente vino a radicarse a San José. (12)

> "George Stiepel trabajó por cuenta propia como comerciante, trasladándose a San José en 1826, es decir cinco años después de la declaración de independencia... tenía buen nombre como comerciante, técnico de minas y agricultor." (13)

Como ya se dijo, es quien tomó la iniciativa y realizó la primera exportación de café a Chile en 1832, sentándose así las bases económicas de lo que sería el complejo cafetalero, pilar de la economía costarricense.

En un primer momento se dedicó al comercio, haciendo rápidamente incursiones en la agricultura, experimentando con café, cultivo que, como se ha visto, prosperó de manera extraordinaria, beneficiándose al país y a Stiepel personalmente, en cuanto logra alcanzar altas posiciones en la sociedad costarricense.

Sus actividades cafetaleras lo llevaron inclusive a participar junto al Jefe de Estado de ese entonces, en la recién formada "Sociedad Económica Itineraria" —institución de servicio público subvencionada por el Estado— cuyo objeto era construir y mejorar las vías de comunicación hacia los puertos a fin de facilitar la exportación de café.

En cuanto a su importancia dentro de la toma de decisiones a nivel de gobierno, puede decirse que Stiepel logró alcanzar una alta posición. El papel de la Sociedad era en esa época muy relevante, por cuanto el naciente Estado no contaba con una administración pública plenamente organizada, debiendo encargar y delegar funciones a entes privados, pero de servicio público. Por eso se considera significativa su presencia dentro de ese ámbito ya que, en atención a sus relaciones económicas y sociales, le fue fácil tener acceso a los grupos que detentaban el poder político.

Eduard Wallerstein: llegó al país después de Stiepel; vino representando a una casa comercial inglesa,' actividad que pasaría a segundo plano al dedicarse posteriormente a la agricultura, convirtiéndose en caficultor.

Se sabe que Wallerstein vivía ya en 1832 en San José y que mantenía gran amistad con los políticos de la época, vinculados en su mayoría con la actividad cafetalera, la misma que emprenderá él, quien figura entre los primeros cafetaleros, llegando a alcanzar el primer lugar como exportador en el año 1843, y figurando como uno de los primeros por largo tiempo.

Del mismo modo que Stiepel, Wallerstein participa en la Sociedad Económica Itineraria —cuyo papel ya se ha descrito— que reunía a los principales exportadores de café de la época. Llegó inclusive a presidirla, compartiendo así con las personas más importantes del ámbito económico y político, las decisiones relativas al negocio del café.

A Wallerstein como Cónsul de Costa Rica en Londres alrededor de 1855, le tocó mediar en el auxilio solicitado a Inglaterra para hacer frente a la guerra contra William Walker y los filibusteros que pretendían imponer su dominio sobre América Central. (14)(15)

Los datos sobre la actuación de estas tres personas, pretenden ilustrar brevemente cuáles fueron las actividades a las que se dedicaron los primeros inmigrantes alemanes, y cómo éstos se acercaron a los centros de toma de decisión. No se puede desconocer su vinculación con las esferas del gobierno, tampoco ignorar sus lazos con las más altas autoridades, participando con ellas en la vida social, económica y política de la recién independizada Costa Rica. Era aquella la etapa que serviría para sentar las bases de toda una estructura social y política que se fortalecería gracias al negocio del café, el mismo que le permitirá a un sector de la población mantener su preponderancia en los años venideros.

Segundo período (1840-50 a 1910-20)

Sin duda el hecho de mayor relevancia económica para Costa Rica se da a mediados del siglo XIX. Entre 1844 y 1845 se inicia la exportación de café a Inglaterra. Allí se asegura la venta del grano, a la vez que se propicia y financia la producción. Esa producción, iniciada años antes con las plantaciones ya establecidas, sería la base para atender la demanda del mercado británico. Las nuevas plantaciones permiten alcanzar mayor volumen de producción y, por ende, obtener más recursos para la hacienda pública, permitiéndose invertir en el mejoramiento y ampliación de las vías de comunicación, habilitación de puertos, organización monetaria, saneamiento del crédito externo e interno y mejoras en el nivel de vida de la población. Todo gracias al crecimiento de la renta nacional. También se produce la llegada en gran escala de productos importados que, eran imposible conseguir en el mercado local. (16)

> "Después de trescientos años de gran pobreza colonial, la exportación del café había transformado a Costa Rica en la República más próspera en toda América Central." (17)

Este importante cambio en la economía generó por otra parte el surgimiento económico de familias y grupos sociales cuyo poder creció notablemente, a la vez que proporcionaba al Estado un ingreso que le permitiría emprender una serie de iniciativas en el campo de la educación, salud y obras públicas.

Para Carlos Monge, entre las transformaciones más importantes que se dan en la vida nacional y que repercutirían en lo económico, social y político se encuentran: primero, que las áreas dedicadas al cultivo de café serían cada vez más extensas, segundo que las exportaciones alcanzarían cifras muy elevadas y tercero, que las principales familias en cuanto a lo político y social, dedicarían esfuerzos y recursos a la producción, procesamiento y exportación. (18)

En cuanto al aspecto socioeconómico, en torno a la actividad cafetalera, el mismo historiador apunta que a partir de mediados del siglo pasado aparecerían importantes cambios económicos, que a la postre se traducirían en diferencias sociales. (19)

Estas diferencias económicas, dice, se deben al enriquecimiento de las familias que se iniciaban en la actividad y que pudieron complementar el proceso productivo con la comercialización del grano. Establecieron los beneficios de café, que servían como centros de recolección del producto, y donde se procesaba para su posterior comercialización. Las distintas etapas de producción generaron el surgimiento de nuevos grupos sociales ligados al proceso -propietarios, peones y jornaleros- cuyas, diferencias se consolidarían con el transcurso de los años.

Así surgen a raíz del comercio exterior, casas y empresas mercantiles dedicadas a la exportación de café y a la importación de productos de Europa y otros países, con el objeto de satisfacer el mercado nacional. De este modo aparecen las firmas Mora y Aguilar; Fernández y Montealegre; Fernández y Salazar; Cañas y Montealegre; Escalante y Bonilla; Ulloa y Moya.(20)

Al producirse la división del trabajo en una sociedad más compleja, va apareciendo cierta diferenciación social que, con el tiempo, se va acentuando y consolidando.

Como ya se ha visto dentro de la división de los grupos socioeconómicos, se encuentran primeramente los agricultores y agricultores-exportadores que, además de comercializar su propia producción, comercializan la de otros cafetaleros. Al cobrar mayor importancia el comercio internacional —al cual Costa Rica se estaba incorporando de lleno— surge otra rama, los exportadores e importadores, debido a la complejidad y extensión de la actividad.

> "La operación del café trajo consigo una prosperidad económica así como un aumento de la población, y todo aquello implicó una diversificación de la economía, y por tanto, una mayor división del trabajo. La sociedad evolucionó hacia el pluralismo y las necesidades creadas por la prosperidad engendraron a su vez toda una serie de

profesiones nuevas. Fue entonces cuando surgió una pléyade de abogados, de médicos, de ingenieros y de arquitectos. Todas estas profesiones llegaron a representar a grupos de intereses muy variados, y a veces muy opuestos. Este fenómeno iría a constituir un nuevo factor en el proceso de división interna de la clase, e iría a dar lugar a nuevas ideologías y a provocar el surgimiento dé los primeros partidos políticos hacia finales del siglo XIX". (21)

Como ya fue comentado, las familias que lograron forjar importantes fortunas gracias a la actividad cafetalera se vieron vinculadas necesariamente a la actividad política. Actividad que, por lo demás, desempeñaban como grupo social desde hacía varias generaciones, ocupando importantes lugares tanto dentro como fuera del gobierno, complementando, a través de los años, el poder económico con el predominio social y político.

En el aspecto político se gestaron varias transformaciones, sobre todo en lo que respecta al papel del gobierno que, paulatinamente, va acentuando su carácter de instrumento de los intereses de los cafetaleros, exportadores e importadores, vinculados todos por las actividades económicas y ligados en su mayoría por lazos familiares. (22)

"...en resumen, la regulación del gran comercio internacional del café, provocó indudablemente, dentro del plano social, la diversificación y consiguiente oposición de intereses, y dentro del plano político al advenimiento de la clase cafetalera al poder." (23)

Otro aspecto político importante, es el proceso de formación y modernización de las instituciones liberales, así como su relación con el desarrollo económico, delineado a la vez por la propia estructura política que, como se ha visto, se encuentra dirigida por los grupos cafetaleros.

El proceso de consolidación del Estado, se da entonces, alrededor de los años 40 hasta la década de los 70 del siglo pasado cuando, por vía constitucional, Costa Rica adquiere formalmente los lineamientos del Estado liberal decimonónico, fundándose nuevas instituciones (24) debido a la cada vez más compleja labor político administrativa.

En cuanto al papel del Estado frente a la sociedad internacional, señala Tomás Soley:

> "...Costa Rica entra de lleno a la vida internacional celebrando tratados de paz, comercio y amistad con las demás naciones, perfeccionando las relaciones iniciadas en el anterior período en el cual se firmaron los primeros tratados con Gran Bretaña, Francia y las ciudades Hanseáticas."(25)

Es también en esta época cuando, debido a la importancia que cobraba la actividad cafetalera —y posteriormente la bananera— surge el problema de la escasez de habitantes. El gobierno comienza a pensar en la posibilidad de aumentarla mediante la colonización. Sin embargo, no llega a definir una clara política inmigratoria. Se hacen muchos intentos que, en términos prácticos, no son cuantitativamente de gran significación. Mas la falta de una política coherente no impide la llegada al país de extranjeros procedentes de Europa, Norte y Sudamérica que se asentaron en Costa Rica formando familias y vinculándose con los cafetaleros nacionales. Es el caso de los inmigrantes alemanes.

Para formarse una idea acerca de la distribución de extranjeros residentes según sus nacionalidades —así como de su significación porcentual dentro del total de habitantes del país— puede observarse el cuadro de la página siguiente que reúne datos de los censos de 1864, 1883, 1888 y 1892.

Como una necesidad urgente, el gobierno se preocupa por abrir nuevas vías de comunicación y abaratar los costos de exportación, empeñándose en construir la vía férrea hacia la costa Atlántica, acudiendo para ello al mandamiento inglés.

CENSO DE EUROPEOS RESIDENTES EN COSTA RICA, AÑOS 1864,1883,1888 Y 1892

NACION	1864	1883	1888	1892
España	40	460	648	831
Italia	18	63	1.317	622
ALEMANIA	164	240	298	342
Inglaterra	54	195	247	246
Francia	65	198	233	189
Suiza	8	10	12	28
Bélgica	— —	2	23	26
Portugal	10	1	1	19
Dinamarca	2	12	13	17
Holanda	— —	7	9	12
Turquía	— —	— —	— —	3
Austria	— —	— —	— —	2
Rusia	1	2	1	2
Escocia	20	— —	— —	— —
Suecia	2	— —	200	— —
Irlanda	5	— —	3	— —
Polonia	3	— —	— —	— —
TOTAL HABITANTES	120.499	182.073	205.731	243.205

FUENTE: Censos de población años: 1864. 1883, 1888 y 1892. D. G. E. C., San José, C.R.

Además de la inquietante situación causada por las dificultades del transporte, estaba el problema de depender del monocultivo en las exportaciones costarricenses. La economía nacional estaba sometida a las alteraciones del comercio cafetalero —provocadas por la disminución del volumen de producción o por la fluctuación de los precios en el mercado internacional— causando constantemente serios trastornos al gobierno y a los productores.

La construcción de obra tan importante como era el ferrocarril al Atlántico, además de facilitar notablemente las comunicaciones, daría salida a un nuevo producto de exportación: el banano. Colateralmente a la construcción del ferrocarril hace su ingreso el capital norteamericano que, utilizando las zonas aledañas al mismo, inicia el cultivo del banano, habilitando para ello tierras vírgenes, estableciendo control y dominio en todo el proceso productivo y de comercialización. Este proceso es muy distinto al cafetalero; tanto el sistema de plantación como el de financiamiento difieren. El capital inglés se limita a financiar y promover la producción cafetalera ya establecida —no creada en atención a la inversión extranjera—.

POBLACION DE EXTRANJEROS RESIDENTES EN COSTA RICA. AÑOS 1864 - 1883 - 1888 - 1892

AÑO	SURAMERICA	ANTILLAS	EUROPA	OCEANIA	EXTRANJEROS	HABITANTES
1864	2.207	25	392	29	2.653	120.499
	1,83%	0,02%	0,32%	0,02%	2,20%	100,00%
1883	2.146	996	1.190	224	4.556	182.073
	1,17%	0,54%	0,65%	0,12%	2,50%	100,00%
1888	2.651	997	3.005	203	6.856	205.731
	1,28	0,48%	1,46%	0,09%	2,54%	100,00%
1892	2.786	837	2.339	227	6.189	243.205
	1,14%	0,34%	0,96%	0,09%	2,54%	100,00%

(Porcentaje sobre el total de la población)

FUENTE: Censos de población años: 1864. 1883, 1888 y 1892. D. G. E. C., San José, Costa Rica.

El capital norteamericano, en cambio, se rige más bien por los intereses de una actividad externa a cuyo dominio quedará sometido. Así lo señala Rodrigo Facio (26) que dice además:

> "... la penetración del capital inglés en la industria cafetalera, ha asumido forma de financiamiento y tenido efectos estimulantes para la economía nacional en la primera época, e, indirectamente efectos absorbentes, con el transcurso de los años al imponer el monocultivo; la penetración del capital americano en la industria bananera, electricidad y de navegación aérea, ha sido de índole económica y tenido efectos absorbentes sobre la riqueza nacional." (27)

De este modo se espera haber presentado una rápida visión sobre el panorama social, económico y político desde los años 40-50 hasta la década del 10-20 del presente siglo, con el objeto de situar a los alemanes dentro del quehacer nacional de esa época, tema que se comentará seguidamente.

Como se analizara en el capítulo anterior, la inmigración extranjera se da en Costa Rica a partir de mediados del siglo XIX, alentada por la necesidad de alcanzar un incremento en la población productiva del país, a fin de atender las demandas surgidas en torno al auge del cultivo cafetalero y de sus actividades derivadas y conexas.

También se ha señalado ya que el gobierno puso gran interés en traer extranjeros mediante un continuo pero poco eficaz intento de colocación colectiva, fundamentalmente dirigida a captar inmigrantes europeos.

Tanto la idea de aumentar la población, como la de alcanzar niveles productivos más elevados, son factores que como se ha dicho patrocinó el Estado. Pero no con criterio propio e independiente, sino obedeciendo a los muy claros intereses de los grupos cafetaleros que, a través del gobierno, lograron imponer el suyo. De modo que para comprender por qué recibió Costa Rica inmigrantes alemanes y por qué pudieron éstos integrarse al sistema social, no hay que olvidar el modelo económico y el papel que jugó la clase política al respecto.

Así se da la inmigración alemana, cuantitativamente poco significativa, en vista de los fracasos de colonización masiva que, en los años 1864 y 1883, apenas alcanza a un 0,13% sobre el total de la población y, en 1888 y 1892, a un 0,14% datos que constan en los censos respectivos. Sin embargo cualitativamente el rol de los alemanes fue muy importante, en el ámbito económico-político, donde ocuparon altos niveles en lo que respecta a los centros de toma de decisión.

A partir de la década 40-50 del siglo pasado es cuando, conjuntamente con el auge cafetalero, comienza a perfilarse la consolidación de la oligarquía cafetalera, al incorporarse a la actividad los miembros y descendientes de la hidalguía española que, a través de siglos, había controlado el poder político. Paralelamente al surgimiento de este poderoso grupo, comienza el ir y venir de alemanes, quienes generalmente lo hacen en forma individual y en algunas ocasiones, acompañados por familiares. Sus actividades en un inicio estuvieron casi siempre ligadas al comercio y al ejercicio de alguna profesión. Vinieron a ocupar y llenar necesidades dentro del esquema productivo; de ahí su fácil inserción en el mismo y su facilidad para incorporarse a la actividad cafetalera que estaba en su inicio y requería mayor participación.

Desarrollaron a la vez actividades en el campo científico, cultural y religioso; trabajaron para el gobierno, contribuyendo a la formación y mejoramiento de las instituciones del Estado; colaboraron en la construcción de importantes obras públicas, complemento del desarrollo en el potencial económico del país, necesario para su consolidación.

En el transcurso de este período, que abarca cerca de ochenta años, se distinguen tres importantes grupos de alemanes: el primero llega entre 1840-50 y 1860-70; el segundo entre 1870-1900; el tercero entre 1890-1900 y 1910- 20.

En el primer grupo de alemanes aparecen entre muchos otros: Edmund Bácker, Heinrich Ellerbrock, Karl Hoffmann, Johan y Adolf Knöhr, Franz Kürtze, Arturo Kopper, Wilhelm Marr, Friedrich Mathiess, Franz Rohrmoser, Ferdinand Streber, Franz Dittel, Ludwig von Chamier, Alexander von Bülow, Alexander von Frantzius, Moritz Wagner, Hermán Wendeland, Hermán zur Lippe, Wilhelm Nanne, Julián Carmiol, Agustín Pieper, Alberto Johannig.

Entre los que llegaron con el segundo grupo se pueden mencionar, sin pretender que la lista sea completa, a Johan Braun, Maximilian Bansen, Friedrich Bornemann, Franz Ellendorf, Karl A. Franck, Theodoro Hack-Prestinary, Wilhelm Joos, Cari Luthmer, Friedrich Lahmann, Antón Lehmann, Ferdinand Nevermann, Helmuth Polakowsky, Heinrich Runnebaum, Wilhelm Steinvorth, Friedrich Sauter, Gustav Traugott, Bernhard A. Thiel, Otto von Schröeter.

Entre los del tercer grupo llegan: Carl Beutel, Agustín Blessing, Max Koberg, Johan Kümpel, Otto Littmann, Ludwig Leipold, Wilhelm Niehaus, Wilhelm Peters, Johan Stork, Franz Amrheim, Franz Tattenbach, para citar sólo algunos de una extensa lista.

En las páginas siguientes se hará referencia tanto a sus actividades como a la importada de su participación en los aspectos económicos, sociales y políticos para ¡lustrar la influencia que tuvieron en la vida nacional.

Sus actividades

Las actividades desarrolladas por los alemanes en Costa Rica se pueden clasificar dentro de los tres sectores básicos de la economía —primario, secundario y terciario— vale decir, agricultura, industria y servicios.

En el primer sector se encuentran las actividades cafetalera, bananera y azucarera fundamentalmente; en el segundo sector las de tipo industrial, muy poco desarrolladas; por último, el sector servicios reúne el comercio, la banca y el ejercicio de algunas profesiones en el campo público y privado.

Como rasgo particular debe indicarse que por lo general los alemanes se dedicaron a más de una actividad, buscando el complemento entre ellas. Por eso es frecuente verlos aparecer en diferentes áreas del sector productivo.

Una vez hecha tal aclaración seguidamente se procederá a dar un breve detalle de las actividades desempeñadas en el agro, considerando por su importancia en primer término, la cafetalera.

Café

Para referirse a la actividad cafetalera debe señalarse que ésta constituye un proceso complejo que abarca una etapa de producción, una de beneficio y una de exportación. Las mismas, que se complementan y son desempeñadas por el grupo en estudio.

Una rápida recapitulación permitirá recordar que en el primer período (1821 a 1840-50), entre los primeros y más importantes cafetaleros aparecen Georg Stiepel y Eduard Wallerstein, quienes fueron seguidos por un apreciable grupo de compatriotas alemanes entre los cuales —atendiendo a su importancia en el desarrollo de la actividad — se mencionarán a los señores Rohrmoser, Koberg, y Peters, acerca de quienes se hará referencia nuevamente y con mayor detalle en el siguiente capítulo. (28)

Franz Rohrmoser: procedente de la Prusia Oriental llegó en compañía de su familia, atraído por Ludwig von Chamier, quien había venido a instancia del colonizador Alexander von Bülow. No pasó mucho tiempo antes de que Rohrmoser entrara de lleno a la actividad cafetalera, permitiéndole a la familia poseer varias fincas y beneficios, además de complementar sus negocios con la producción maderera y azucarera.

Max Koberg: se instaló en el país a fines del siglo pasado. En repetidas oportunidades había viajado a Costa Rica con el objeto de comprar café. Posteriormente decidió radicarse definitivamente y adquirir un beneficio. Luego compró tierras y fundó una empresa comercial —"Koberg & Echandi"— dedicada al ramo de las importaciones.

Wihelm Niehaus: Originario de Bremen, llegó alrededor de los años ochenta. Influyó en su venida el ingeniero alemán Runnebaum, ya instalado en el país. Adquirió rápidamente algunas fincas, dedicándose al cultivo del café, de la caña y también del banano. Para complementar las actividades agrícolas abarcó el campo de la exportación a fin de comercializar el producto de sus beneficios, ingenios y plantaciones.

Wihelm Peters: de Heidelberg, llega al país a principios de este siglo. Se inició en el comercio con su compatriota Cari Beutel, para pasar después a la actividad cafetalera, llegando a adquirir varias fincas e instalando algunos beneficios. En el grupo de exportadores alemanes del siglo XX, la familia es considerada como una de las más importantes en el ramo.

Entre otros alemanes que aparecen vinculados a la agricultura se encuentran: Georg Seevers, café y azúcar; Arturo Kopper, arroz, caña, café y ganadería; Johan Kümpel, Cari Wille, Amoldo André, Wilhelm Beer, Otto von Schroeter, Otto Hübbe, Johan Lang, Víctor Fabian, Rudolph Herzog, Johan Buschmann y Wilhelm Steinvorth, café.

En la actividad bananera se destacan Agathon Lutz, Karl August Franck y Wilhelm Niehaus, anteriormente mencionado. Como manifestación de la presencia alemana en esta actividad, han quedado los nombres de las siguientes plantaciones: Gute Hoffnung, Waldeck, Wetsfalia, Germania, Hamburg y Bremen.

Industria

En el sector industrial la actividad era incipiente; en sus inicios tiene más bien características artesanales. Aunque esta rama de la economía no es la principal, no se le debe restar importancia por cuanto está ligada al proceso de formación y acumulación de capital del siglo XIX.

Joseph Traube: procedente de Bohemia, llegó a finales de siglo. Fundó la primera fábrica de cerveza y refrescos en Costa Rica en 1888 con el nombre de "Cervecería del Globo". La buena acogida de sus productos obliga a aumentar la capacidad de la fábrica y a renovar su estructura, cambiando también su antigua razón comercial por la de "Cervecería Traube", que terminaría con la importación de cerveza de Alemania. (29)

Comercio

En la rama comercial aparece un importante número de alemanes dedicados al comercio importador, que estaba cobrando auge a raíz del desarrollo de la economía nacional. Así aparecieron las firmas comerciales de los señores Hermann zur Lippe, Johan Knöhr, Arturo Kopper y Antonio Lehmann, por citar algunas.

Hermann zur Lippe: vino alrededor de los años cincuenta motivado también por von Bülow. Estableció una casa comercial en San José con sucursal en Puntarenas que en su época tuvo gran relevancia, tanto por el volumen de sus importaciones, como por el nexo que estableció para la venida de alemanes al país.

Johan Knöhr: arribó a Costa Rica en la década de los cincuenta, dedicándose al comercio importador. "Juan Knöhr Hijos", se llamó la empresa por él fundada que llegó a ser por varias décadas la casa comercial más poderosa del país. (30) Por medio de sus lazos con Hamburgo —su tierra natal— vendrían varios alemanes entre los cuales se encontraban Wilhelm Steínvorth, posteriormente

Walter y Otto Steinvorth, Otto Hübbe, Víctor Fabian y Fritz Reimers, quienes también se dedicaron al comercio. La familia Knöhr además de dedicarse al comercio mayorista, invirtió en el café, figurando como productora y exportadora.

Arturo Kopper: llegó a mediados de siglo, decidiendo radicarse en lugares aptos para la colonización agrícola, tales como San Carlos y Grecia. Con su hijo Otto, se dedicó a actividades comerciales fundando el "Almacén Otto Kopper", por muchos años el más importante de la región.

También como otros alemanes, combinó el comercio con la agricultura, café y caña principalmente.

Antonio Lehmann: procedente de Bonn viajó al Ecuador de donde vino acompañado por Bernhard A. Thiel, un alemán que llegaría a ser Obispo de Costa Rica. Lehmann fundó en San José la "Librería Católica" en sociedad con la iglesia y la Editorial Herder de Alemania. Así quedaron sentadas las bases de lo que años más tarde sería la "Librería Lehmann", en cuya fundación participarían inicialmente Friedrich Sauter y Carlos Feders- piel, uno de sus colaboradores. Se separaron después a fin de instalarse en forma independiente, estableciendo más tarde el "Almacén Sauter" y la "Librería Universal". La Librería Lehmann contaría también con los talleres de imprenta más importantes del país y cumpliría el papel de casa importadora de diversos artículos.

También establecieron casas comerciales los señores: Friedrich Diepholz, Víctor Fabian, Amoldo André, Wilhelm Steinvorth, Ludwig y Otto von Schroeter, Heinrich

Ellerbrock, Fritz Reimers, Franz Müller, Friedrich Lah- mann, Carl Beutel y Max Koberg, de quien ya se hiciera mención.

Banca

El surgimiento y desarrollo de la banca, lo mismo que del resto de la economía, se da a partir del auge cafetalero, convirtiéndose este sector en uno de los fundamentales para el progreso del país.

Durante este período (1850 a 1910-20), aparecen como accionistas y directores de los siguientes bancos, alemanes de las familias que a continuación se señalan.

Banco Anglo: Rohrmoser, Wollenweber, von Schroeter, Bansen, André, Knöhr, Koberg, Steinvorth, Peters y Traube.

Banco de Costa Rica: Rohrmoser, Lahmann y Luthmer.

Banco Mercantil: Traube, Lehmann.

Banco Internacional de Costa Rica: Rohrmoser.

Además debe mencionarse la constitución en la década de los años setenta del "Banco Hipotecario Alemán"'. , Knöhr, Streber, Witting.

Administración Pública

En el sector gubernamental prestaron sus servicios en el campo de la ingeniería, administración, salud y educación varios alemanes, cuyo papel no dejaría de ser importante en el desarrollo del aparato estatal, ya sea fundando instituciones, mejorándolas, construyendo obras públicas o sentando las bases del sistema de salud y educación. Sus actividades, además de la órbita económica, cubren por lo tanto el área de acción social de competencia estatal.

Ingeniería

Debido al gran atraso en el terreno de las obras públicas —predominante por la carencia de buenas vías de comunicación— fue necesaria la asesoría de ingenieros extranjeros. En este campo prestaron sus servicios algunos alemanes que dejarían a través de sus obras, constancia de su presencia en el país. Es el caso, entre otros, de los ingenieros Franz Kürtze y Ludwig von Chamier.

Franz Kürtze: originario de Hamburgo vino a Costa Rica acompañando a von Bülow a principios de la década de los años cincuenta. Realizó investigaciones sobre los volcanes Irazú y Turrialba; hizo un levantamiento de planos para la ciudad de

Heredia; trabajó en el trazado de la carretera y el ferrocarril hacia ei Atlántico. En 1862 fue nombrado Director de Obras Públicas, siendo enviado por el Jefe de Estado a los Estados Unidos con el propósito de conseguir financiamiento para la construcción del ferrocarril, gestión que no tendría gran éxito. (31)

Ludwig von Chamier: real ingeniero prusiano, construyó varios caminos en-la década de los años cincuenta, contribuyendo también a la construcción del ferrocarril a Puntarenas.

Dentro de esta misma disciplina, se encuentran los ingenieros alemanes: Richard Schutt, Heinrich Runnebaum y Friedrich Bornemann, que participaron en la construcción del ferrocarril al Atlántico, Franz Rohrmoser realizó estudios sobre metereología; Adolf Knöhr construyó el muelle de Puntarenas y Ludwig Daser efectuó trabajos de cartografía.

Administración

En el campo de la administración gubernamental también aparecen nombres alemanes, acentuándose su presencia conforme estos se integran a la sociedad costarricense. Entre los logros más sobresalientes a nivel institucional debe mencionarse la creación de la Oficina de Estadística, el sistema catastral y la implantación de la legislación hipotecaría, producto del trabajo de los alemanes en el ámbito de gobierno. (32)

Wilhelm Witting: originario de Kassel, sustituyó a su compatriota Johan Barth en la Dirección de la Casa de la Moneda, puesto que desempeñaría por varios años.

Ferdinand Streber: llegó al país a través de sus contactos con von Bülow. Su formación intelectual incluía conocimientos de administración, derecho, ciencia política y economía. Bajo cuatro gobiernos se mantuvo en puestos importantes dentro de la administración pública, llegando a ser Director del Diario Oficial, Magistrado de la Corte de Justicia; Ministro Secretario de Guerra y Marina, Encargado de la Legación de Costa Rica en Alemania, Gobernador de Guanacaste. En 1863 fundó las Oficinas de Catastro y Estadística, de la cual sería director.

Johan Kümpel: desempeñó importantes puestos dentro del gobierno. Fue consejero presidencial y centró su interés en introducir un plan de impuestos directos, no conocido en el país.

Además se encuentran los señores Friedrich Maison que fue Director de la Oficina de Estadística; Peter Reitz, Director del Observatorio Meteorológico y Franz Kürtze, Director de Obras Públicas.

Educación

Es notoria la presencia de alemanes en la educación costarricense, encontrándosela por muchas generaciones en los principales centros educativos del país tales como el Liceo de Costa Rica, Colegio de Señoritas, Colegio San Luis Gonzaga, Escuela Alemana, Universidad de Santo Tomás.

Entre los alemanes que vinieron a colaborar con el desarrollo cultural, instalando y ampliando los centros educativos ya existentes, deben mencionarse los profesores de enseñanza superior, Friedrich Prestinary, Johannes Braun, Pedro Braun, Gustav Traugott y Carl Beutel, uno de los fundadores de la Escuela de Farmacia.(34) También vinieron a servir en liceos y colegios: Otto Litmann, Phillip Voigtel, Hermann Schnitzler, Erickvon Shermann, Laura y Elizabeth Heinrrich, Franz Schardinger, Ana Farrier, Helmuth Polakowsky y Gustav F. Schwarz.

En otras ramas del quehacer intelectual aparecen los señores Ferdinand Streber, Edmundo Becker, Guillermo Witting, y Carl von Bülow, quienes desempeñaron funciones en la docencia. En el campo de la música figuran los profesores Carl Liebich, Alfred Lovental y Vicente Lachner. (35)

En la investigación científica se distinguen Wilhelm Marr, Alexander von Frantzius, Carl Hoffmann, Julián Ellendorf, Johann Braun, Wilhelm Witting, Carl Luthmer, Martin Flutsh, Karl Johanning, Ludwig von Chamier, Friedrich Maison, Friedrich Lahmann, Helmuth Polakowsky, Bernhard A. Thiel, Franz Rohrmoser, Maximilian Bansen, Theodor Hack-Prestinary, Carl

Sapper y Carl Beutel quienes entre otros, realizaron numerosas exploraciones y descubrimientos científicos en el campo de las ciencias naturales, antropología, geología, meteorología, botánica, zoología y geografía. (36)

La Escuela Alemana: esta institución tiene sus orígenes en la Asociación Escolar Alemana de Costa Rica (Deutscher Schulverein von Costa Rica), creada por el Club Alemán. Fundado en la década de 1890 en su sede funcionó la escuela, creada en 1911 por don Wilhelm IMiehaus y Wilhelm Steinvorth con el respaldo del consulado alemán en San José. Años después el gobierno alemán otorgó una subvención especial que permitió ampliarla y consolidarla dentro del sistema educativo nacional. También debe mencionarse el papel del Colegio Seminario, institución privada por la cual transitaría gran cantidad de costarricenses.

Mención especial debe hacerse sobre el periódico publicado bajo la dirección de Karl Hoffmann, Franz Kürtze y Ferdinand Streber, cuyo nombre era "Costa Rica Deutsche Zeitung", que se editaba en español y alemán durante la década de los años cincuenta del pasado siglo.

Medicina

Del mismo modo que en la educación y otras áreas de servicio público, se han distinguido los alemanes en el ejercicio de la medicina. Entre los primeros médicos se encuentra a Karl Hoffmann, quien prestó sus servicios durante la guerra de 1856 contra los filibusteros, mereciendo el reconocimiento público del Estado. También figuran los doctores Maximilian Bansen, director del Hospital Psiquiátrico por varios años; puesto que asumiría posteriormente Theodor Hack-Prestinary que, además, fue presidente de la Facultad de Medicina; y el doctor Franz Ellendorf que tenía su consultorio en San José. Por último cabe señalar al dentista Richard Kriebel, uno de los más reputados dentistas extranjeros residente en el país.

Diplomacia

Las relaciones diplomáticas con Alemania datan de 1841, cuando Cari Friedrich Rudolf Klee —radicado en Guatemala— fue nombrado Cónsul Hanseático para Centroamérica (37). Posteriormente en 1851 fue nombrado Vicecónsul Heinrich Ellerbrock, una vez establecido el correspondiente tratado de amistad con Hamburgo, Lübeck y Bremen. Años más tarde ejercieron funciones diplomáticas como Cónsules-. Federico Lahmann, Werner von Bergen, Ernesto y Francisco Rohrmoser residentes en San José y Puntarenas respectivamente en 1885.

También aparecen ejerciendo funciones consulares los señores Carl Wahle, Guido von Schröter, Max Diermissen, Amoldo André, Georg Kaempffer, Hermann Heinrich, Eduard Heinze, Félix Wiss y Luis Kruse.

Las relaciones diplomáticas sin duda contribuyeron al desarrollo de las relaciones comerciales con Alemania en cuanto a la importación de manufacturas y a la exportación de café al mercado hamburgués.

Muchas de las personas que ejercían funciones consulares se dedicaban a la vez al comercio importador y exportador, por lo cual existía un doble interés en afianzar las relaciones a nivel de gobiernos. No debe olvidarse que en 1892 Alemania ocupaba el tercer lugar en el comercio de Costa Rica. (38)

Francmasonería

Esta organización fundada en 1865, agrupa a destacadas figuras del ámbito político social y económico. En ella también se encuentran algunos alemanes como los señores: Friedrich Maison, Wilhelm Nanne, Ernesto Rohrmoser, Wilhelm Holst y Adolf Knöhr, quienes además están vinculados al quehacer económico a través de la agricultura y del comercio fundamentalmente.

Iglesia

En un país como Costa Rica, caracterizado por su escaso militarismo, es fácil apreciar que la Iglesia Católica constituye la institución tradicional de mayor poder. De ahí su importancia por la influencia que ejerce en las decisiones que sobre el desarrollo del país adopta la sociedad costarricense. (39) Por eso es imprescindible referirse a la presencia de religiosos alemanes durante varias décadas en la dirigencia de la Iglesia Católica costarricense.

Bernhard A. Thiel H: Fue enviado originalmente al Ecuador, de donde viajó a Costa Rica para hacerse cargo de la Dirección del Seminario Mayor. En 1880 Thiel fue consagrado Obispo de Costa Rica, a instancias del Presidente de la República ante el clero. Dedicó gran parte de su vida al trabajo con las comunidades indígenas pero, debido a sus actividades en el campo de la política, el Obispo y los Jesuítas fueron expulsados del país en 1884, regresando nuevamente en 1886. Thiel tuvo destacada actuación en el campo social; su labor pastoral lo llevó a inmiscuirse en la política, logrando influir a través de la organización religiosa y las cartas pastorales.

Johann G. Stork: originario de Köln, vino a Costa Rica a fines del siglo pasado. Fue nombrado director del Seminario por algunos años. Posteriormente, a la muerte de Thiel en 1904, fue nombrado Obispo, haciéndose cargo de la más alta jerarquía de la iglesia.

También se encuentran en el Seminario Agustín Blessing —en calidad de director—, Joseph Ohlemüller y Wilhelm Hennisen. El Seminario era la institución por la cual debían transitar los religiosos del país. Contaba además con un colegio, creado alrededor de 1850, dirigido de acuerdo a los lineamientos de la Iglesia.

Hasta aquí se ha pretendido presentar un panorama muy general sobre la presencia alemana en Costa Rica, el cual será tratado con mayor detalle en el capítulo siguiente, donde se analiza específicamente la participación de los alemanes y sus descendientes en la toma de decisiones, lo que necesariamente obligará al estudio de la conformación de la clase dirigente del país. (40) (41)

NOTAS

1. Este período en términos más amplios, también debe incluir los flujos de refugiados sudamericanos en primer término y centroamericanos a partir de fines de la década de los setenta.
2. Tomás Soley Güell, Compendio de Historia Económica y Hacendaría de Costa Rica (2a. Edición, San José: Editorial Costa Rica, 1975) pp. 34-35.
3. ibid, p. 36.
4. Monge, ob. cit. p. 225.
5. ibid, p. 223.
6. Hale, ob. cit. p. 32.
7. Jaime Daremblum R., "El auge del café y la apertura de la economía costarricense", Estudios Nos. 2-3 (San José: CIAPA, 1979) p. 19 y ss.
8. Carlos Araya Pochet, "La minería en Costa Rica (1821- 1843)" Lecturas complementarias (I) (San José: Facultad de Ciencias Sociales, Universidad de Costa Rica, 1977) p. 7.
9. Fernández, Schmidt y Basauri, ob. cit. p. 8.
10. Víctor MI. Sanabria Martínez, "Genealogías de Cartago hasta 1850" (Introducción) Población de Costa Rica y orígenes de los costarricenses (San José: Editorial Costa Rica, 1977) p. 193 y ss.
11. Araya, ob. cit. p. 31.
12. John Lloyd Stephens, Incidentes de viaje en Centroamérica (2a. Edición, San José: EDUCA, 1971) p. 331.
13. Leopold, ob. cit. p. 17.
14. Ibid, p. 18.
15. Respecto a la guerra contra los filibusteros, debe señalarse que los alemanes residentes en Costa Rica fueron quienes más se destacaron, ofreciendo sus servicios a la República, acerca de lo cual se adjunta en "Anexos" carta enviada al Presidente Juan Rafael Mora, el 1º. de marzo de 1856.
16. Facio, ob. cit. p. 40 y ss.
17. Hall, ob. cit. p. 122.
18. Monge, ob. cit. p. 224.
19. Ibid., p. 225.
20. Facio, ob. cit. p. 44.
21. Stone, ob. cit. p. 261.
22. Facio, ob. cit. p. 45.
23. Ibid., p. 46.
24. Debe señalarse que en 1821 apenas existía media docena de instituciones gubernamentales, llegando a 65 en 1917. Consultar al

respecto: OFIPLAN, Plan Nacional de Desarrollo 1979-1982 (San José: Imprenta Nacional, 1979) p. 29.

25. Tomás Soley Güell, Historia económica y hacendaría de Costa Rica di (San José: Editorial Universitaria, 1947) p. 207.

26. Facio, ob. cit. p. 61.

27. Ibid., p. 91.

28. Durante los años que siguieron a la Primera Guerra Mundial llegaron varios alemanes, debiéndose mencionar a S. A. R. el Príncipe Segismundo de Prusia, nieto del Emperador Federico III y sobrino del Emperador Guillermo II, y su esposa la Princesa Carlota Inés de Sajonia, pariente cercana de Isabel II de Inglaterra, Juan Carlos de España y el desaparecido Zar Nicolás II de Rusia. También llegaron las familias Bansbach, Kissling, von Breymann, Nevermann, Hangen, Becker, von Köller, Bayer, Effinger, Schlager, Garsten, entre muchas otras.

29. Leopold, ob. cit. p. 72.

30. Ibid., p. 67 y ss.

31. Ibid., p. 23 y ss.

32. Ibid., p. 76 y ss.

33. Ibid., p. 23 y ss.

34. Luis F. González F. Historia de la influencia extranjera en el desenvolvimiento educacional y científico en Costa Rica (San José: Editorial Costa Rica, 1976) p. 96.

35. Ibid., p. 71.

36. Ibid., p. 81 y ss.

37. Leopold, ob. cit. p. 63.

38. Ibid., p. 63.

39. James Backer, La iglesia y el sindicalismo en Costa Rica (San José: Editorial Costa Rica, 1974) p. 11.

40. Mención especial debe hacerse sobre la presencia de religiosos alemanes en Limón —posterior a los años que cubre este estudio— pero que no debe omitirse. Así es como figuran Agustín Blessing, Cari H. Wollgarten, Johan Odenhal y Alfonso Hoeffer H., que por muchos años desempeñan los puestos más altos de la jerarquía eclesiástica en esa provincia.

41. Sobre el papel de la Iglesia Católica de Costa Rica, consultar: José Miguel Rodríguez Zamora, "Política y Religión: la función política de la Iglesia Católica en Costa Rica", Revista de Ciencias Sociales Nº13 (San José: Universidad de Costa Rica, 1977).

CAPITULO IV: Los alemanes y el Estado cafetalero

La ascendencia española y el poder

El sistema social para mantener su vigencia requiere de dirección, control y regulaciones, acciones estas que se dan mediante el ejercicio del poder. Las manifestaciones del poder en el seno de la sociedad son variadas y complejas, surgen de la interacción social, económica y política primordialmente. A partir de ahí se generan estructuras institucionales tales como el gobierno, ente ejecutor y representativo del rol político del Estado. El gobierno como centro de poder actúa por medio de sus diversos órganos e instrumentos, ejerciendo la dirección política de la sociedad, independientemente de las formas, época y características del modelo político que sirva de marco al Estado.

Por ello, lo relativo al análisis del poder debe contemplar entre otros aspectos, la búsqueda de su origen; por quién es ejercido; qué elementos entran en juego; bacía quién se dirige y por qué; elementos que determinarán su función en las estructuras de la sociedad. Estos elementos llevan a pensar que en el caso de Costa Rica se está frente a un grupo determinado que ejerce el poder —que manda— y que se ha constituido en élite a través de un prolongado proceso histórico. Para ello se han consolidado en élite, logrando sustentarse en base a la obtención de cierto consenso nacional, enmarcado por un esquema económico, cultural y político que ha venido a consolidar las estructuras de poder del país.

Este análisis se enmarca dentro de tales aspectos, que a la vez encajan en el esquema teórico planteado por Stone, en cuanto al estudio del poder político en Costa Rica. Por ello se hace necesario referirse a algunos planteamientos suyos expuestos en su obra principal, "La Dinastía de los Conquistadores": (1)

"Según la concepción "elitista" una minoría dominante no puede ser controlada por la mayoría (2) y su poder se aprecia a través de su capacidad para establecer las condiciones de admisión en su círculo: riqueza, posición social, educación, ideología, etcétera. Su sobrevivencia depende de su capacidad para adaptarse a las presiones exteriores y para admitir en su seno a personas procedentes de otros sectores de la población. (3) Sus dimensiones dependen de los límites que se fijan entre los que ejercen más influencia y aquellos que ejercen menos. A este respecto, los autores distinguen dos niveles: un nivel superior y un nivel inferior. El primero, cuyos miembros no pueden posiblemente desempeñar todos los papeles de dirección de la sociedad, depende del segundo para justificar sus decisiones ante la población. (4) Así, Gaetano Mosca llama clase política al amplio círculo de gentes que ejercen influencia sobre los que toman formalmente las decisiones. Según Mosca, la estabilidad de un sistema político depende de la calidad del nivel inferior de la élite.

...Así mismo C. Wright Mills distingue el "inecore"de los "outer-fringes", y Vilifredo Pareto la "élite gobernante" de la "élite no gobernante".

Las divergencias entre los autores no se ponen de manifiesto hasta que tratan los criterios que distinguen a la categoría dominante del resto de la población y los requisitos para penetrar en el círculo de esa categoría. Mosca y Robert Michells hacen hincapié en el hecho de que la clase dirigente debe su poder a su capacidad de organización; Pareto atribuye dicho poder a aspectos psicológicos; James Burnham aplicando un razonamiento de tipo marxista, adelanta la idea de que el poder de una élite es la consecuencia del control que ejercen sobre los recursos económicos; Mills opina que la dominación de la élite se debe al hecho de que sus miembros ocupan puestos claves de la sociedad.

Raymond Aron nos encamina hacia una definición más precisa al hacer una distinción entre élite, clase política y clase dirigente. (5) La élite está formada por todos los que en varias actividades ocupan altos cargos en la jerarquía. La clase política es el grupo que ejerce directamente las funciones políticas del gobierno. La clase dirigente comprende las personas privilegiadas, quienes sin ejercer funciones específicas, influyen sobre los que gobiernan y los gobernantes, por su autoridad y su poder económico."(6)

Así, dentro de este marco se ha podido estudiar el papel político que han venido desempeñando a través de los años descendientes de los primeros conquistadores y colonizadores españoles.

Dentro de un esquema más amplio que el costarricense, algunos autores, como es el caso de Binayan Carmona, han realizado investigaciones sobre la descendencia de la realeza española en el gobierno de los Estados de la América Hispana, donde parte importante de los representantes de la corona desciende de Alfonso VI, ramificándose en Alfonso IX y Alfonso XI. Por lo demás su lugar de origen se señala básicamente en Andalucía, Extremadura, Castilla la Nueva y Salamanca, donde en 1541 había unos 200.000 nobles, que constituían aproximadamente la cuarta parte de los del reino, unidos por lazos familiares e intereses económicos. (7)

El mismo autor señala que en México entroncan con el grupo los padres de la Independencia, Miguel Hidalgo, el Emperador Agustín I de Iturbide y entre los mandatarios más contemporáneos Lázaro Cárdenas; en Guatemala los nobles Francisco de la Cueva y don Miguel Álvarez de las Asturias y Montúfar, además de doce personas que han ocupado la jefatura del Estado; en Nicaragua las dos principales dinastías, Chamorro y Sevilla-Sacasa; en Costa Rica más de veinte presidentes y jefes de Estado, en Cuba la mitad de su vida independiente ha estado gobernada por miembros del grupo, incluyendo a Osvaldo Dorticós, en Puerto Rico los miembros del grupo han controlado las más importantes fortunas; en Venezuela se encuentran a Simón Bolívar, Antonio Guzmán Blanco y al Mariscal Antonio José de Sucre; en Colombia cerca de la mitad de su historia ha sido gobernada por miembros del grupo; en Ecuador treinta y seis presidentes del grupo han dirigido el país por más de 120 años, en Perú (8) desde 1824 veintitrés presidentes han gobernado por más de 70 años; en Bolivia diecinueve presidentes cuyos gobiernos cubren un tercio de su vida política; Paraguay ha tenido al menos doce presidentes cuyos mandatos cubren cerca de cien años; Chile a excepción de dos gobiernos, desde 1817 todos los presidentes pertenecen al grupo, incluyendo a los dos últimos; Argentina ha sido gobernada a través de 90 años por veintitrés presidentes del grupo; en Uruguay se encuentran a diecisiete miembros del grupo gobernado por espacio de 63 años. (9) Binayan advierte además que:

"En esta larga lista los ejemplos han sido tomados un poco al azar. De modo general tanto el poder social como el económico, especialmente en tierras, ha permanecido en manos del grupo. No ocurre lo mismo con el poder político, pese a lo cual en la mayoría de los países el volumen de presidentes de origen aristocrático es mayoritario o altísimo. Puede notarse sin embargo, una tendencia en las Antillas y en México, Guatemala, El Salvador y Honduras a no ejercerlo directamente. En este sentido a veces se ha preferido gobernar por intermedio de personeros en lugar de ocupar la primera magistratura.

...He usado la palabra grupo, como sinónimo de grupo de descendientes de sangre real." (10)

Por otra parte en lo que respecta a América Central y Costa Rica en particular, Fernández Alfaro en su estudio sobre la "Casa Encomendera Alfaro" (11) demuestra cómo se vinculan y cuál ha sido el papel de sus miembros a través de los años en los gobiernos centroamericanos desde su vida independiente. De este modo se encuentran en Costa Rica gobernando el país desde el primer jefe de Estado, Juan Mora Fernández, Braulio Carrillo, José Ma. Castro Madriz, Tomás Guardia Gutiérrez, Rafael Yglesias Castro, hasta los más recientes, Mario Echandi Jiménez, José Joaquín Trejos Fernández, Daniel Oduber Quirós y Rodrigo Carazo Odio, de un total de treinta y cinco, sin contemplar a quienes han ejercido en forma interina, cifra que se elevaría a setenta y dos personas; en Nicaragua Roberto Sacasa Saravia, Juan Bautista Sacasa y Sacasa, Evaristo Carazo Aranda, Carlos Solórzano Gutiérrez, Anastasio Somoza García, Luis Somoza Debayle y Anastasio Somoza Debayle; en El Salvador Joaquín E. Guzmán y Ugalde, y Gerardo Barrios; en Honduras Policarpo Bonilla y Vázquez; y en Panamá Belisario Porras. Además se deben considerar los Obispos de Costa Rica, Anselmo Llorente y Lafuente, Claudio Ma. Volio y Jiménez, Rubén Odio Herrera y Carlos Humberto Rodríguez. (12)

Stone, señala que en el caso de Costa Rica, los grupos que hacen uso del poder, provienen de las mismas familias, siendo el parentesco el único "factor de cohesión", el mismo que, según él, pareciera estar perdiendo importancia con el tiempo.

"...En el presente caso, nos encontramos entre los árboles genealógicos de una docena de familias que se establecieron en Costa Rica a principios del período colonial, que se unieron estrechamente mediante vínculos matrimoniales, y de cuyos rangos han salido la mayoría de los dirigentes políticos a lo largo de su historia. Por lo tanto se trata de una "gran familia", por así decirlo, que ha gobernado durante cuatro siglos. En el transcurso del tiempo, la "familia" ha visto a sus miembros dividirse políticamente, y en distintas épocas, nuevos grupos, salidos de su seno, en el poder han ejercido directamente las funciones de gobierno; los demás se han dedicado a distintas actividades económicas, pero su función política ha sido la de dar apoyo a sus representantes, oponiéndose a los otros grupos de su propia clase y justificando a la vez las decisiones de sus representantes ante los ojos del resto de la población. (13)

De este modo se está frente a un grupo de individuos relacionados por vínculos familiares, pero divididos en lo político y dedicado a una amplia gama de actividades económicas, en el caso costarricense. (14)

En todos estos estudios se encuentra un punto común, que se refiere a lo que podría denominarse la herencia política, entendida esta como el legado de los conquistadores españoles a sus descendientes, basada en ciertas condiciones económicas, sociales, culturales, religiosas y políticas, capaces de mantener —independientemente del tiempo y posiciones filosóficas y doctrinarias— una condición de privilegio. Ello se perfila cuando se descubre que muchos de los gobernantes latinoamericanos —y particularmente de Centroamérica— se hayan unidos por lazos familiares a través de varias generaciones.

Si se retoman los conceptos teóricos planteados por R. Aron, cabría decir entonces que este importante grupo social, determinante en el gobierno de América Latina ha ocupado tres posiciones dentro del esquema de poder, es decir, han formado parte de la élite ocupando lugares en la alta jerarquía, igualmente han conformado la clase política desempeñando funciones en el gobierno y, también han constituido la clase dirigente, influyendo sobre los que gobiernan.

Tanto la formación de los Estados nacionales que vienen a superar el antiguo ordenamiento colonial, como la conformación y características del grupo en relación a las economías agroexportadoras o mineras, dará la base para que el país en su vida política independiente permita la incorporación en diferente grado, de quienes no tienen ascendencia dentro de la hidalguía española.

Como ya fuera señalado, diferentes autores han venido explicando la conformación de la clase política indicando como elemento central, el origen español. Sin embargo sus análisis no buscan una explicación sobre la inserción y participación política de los inmigrantes extranjeros —en este caso la de los alemanes en Costa Rica— quienes no encajan por su origen dentro de la gran "familia" española, por proceder de otras naciones. Este es uno de los motivos principales del presente estudio, el cual se ha centrado sobre los grupos extranjeros más importantes dentro de los ámbitos económico, político, social y cultural y su relación con los sectores tradicionales —de origen español— que permiten la inclusión de nuevos grupos en los círculos de poder.

En atención a lo anterior, se ha estudiado como primer paso el rol desempeñado por los alemanes y sus más próximos descendientes en las estructuras de poder formal, tales como los poderes ejecutivo y legislativo. Ahí se encuentra un grupo de personas de origen alemán, —presentes a partir del siglo XIX en la política nacional— cuyos nombres y ubicación se pueden apreciar en el siguiente cuadro que reúne a Ministros y Diputados de origen germano.

DIPUTADOS DESCENDIENTES DE ALEMANES

NOMBRES	1902 1904	1904 1906	1914 1916	1917 1919	1920 1922	1922 1924	1930 1932	1932 1934	1942 1944	1944 1946	1946 1948	1949 1953	1958 1962	1962 1966	1970 1974	1974 1978
Acosta Piepper, Nautilio	--	--	--	--	DIP	DIP	--	--	--	--	--	DIP	--	--	--	--
Bonilla Wepold, Francisco	--	--	--	--	--	--	--	--	--	--	--	--	DIP	--	DIP	--
Echandi Lahmann, Carlos Ml.	--	--	--	--	--	--	DIP	DIP	--	--	--	--	--	--	--	--
Fernández Prestinary, Carlos	--	--	--	--	--	--	--	--	--	--	--	DIP	--	--	--	--
Fonseca Chamier, Francisco	--	--	--	--	--	--	--	--	DIP	DIP	DIP	--	--	--	--	--
Gólcher, Víctor	DIP	DIP	--	--	--	--	--	--	--	--	--	--	--	--	--	--
Hernández Gólcher, Roberto	--	--	--	DIP	--	--	--	--	--	--	--	--	--	--	--	--
Kopper Vega, Otto Eduardo	--	--	--	--	--	--	--	--	--	--	--	--	DIP	--	--	--
Koberg Van Patten, Sigurd	--	--	--	--	--	--	--	--	--	--	--	--	--	--	--	DIP
Lachner Sandoval, Vicente	--	--	DIP	--	--	--	--	--	--	--	--	--	--	--	--	--
Leiva Runnebaum, Rodolfo	--	--	--	--	--	--	--	--	--	--	--	--	--	--	DIP	--
Paris Steffens, Rafael	--	--	--	--	--	--	--	--	--	--	--	--	--	DIP	DIP	--
Quesada Schmidt, Francisco	--	--	--	--	--	--	--	--	--	--	DIP	DIP	--	--	--	--
Rohrmoser Carranza, Oscar	--	--	--	--	--	--	DIP	--	--	--	--	--	--	--	--	--
Tattenbach Yglesias, Christian	--	--	--	--	--	--	--	--	--	--	--	--	DIP	--	--	--
Trejos Dittel, Eduardo	--	--	--	--	--	--	--	--	--	--	--	--	DIP	--	--	--

MINISTROS DESCENDIENTES DE ALEMANES

NOMBRES	1986	1909	1917	1957	1960	1966	1971	1979	1980
Barahona Streber, Oscar	--	--	--	--	--	MIN	MIN	--	--
Carballo Wedel, Jorge	--	--	--	--	--	--	--	MIN	--
Hess Estrada, Raúl	--	--	--	MIN	--	--	--	--	--
Johanning Morales, Amadeo	--	--	MIN	--	--	--	--	--	--
Niehaus Quesada, Bernd	--	--	--	--	--	--	--	--	MIN
Rohrmoser Carranza, Oscar	--	--	MIN	MIN	--	--	--	--	--
Runnebaum Quirós, Fernando	--	--	--	--	MIN	--	--	--	--
Streber, Ferdinand	MIN	--	--	--	--	--	--	--	--
Tattenbach Yglesias, Christian	--	--	--	--	--	MIN	--	--	--

Si bien en cuanto al aspecto cuantitativo no se lo pueda considerar un grupo importante, sí lo es en el campo de las acciones y representación política, en tanto que los alemanes aparecen presentes en un número significativo de congresos y gobiernos de la República.

En lo que respecta al campo económico se ve claramente la participación de los alemanes en las actividades agroexportadoras, el comercio, la banca y el incipiente sector industrial del siglo XIX.

En el agro se dedicaron al café, azúcar y banano, cobrando mayor importancia el cultivo del primero, que constituye —como ya se ha señalado— prácticamente el eje central de la economía del país, y es a la vez fuente de ingresos para el grupo que detenta el poder político, directa o indirectamente.

Se encuentran en este sector de la producción, manejando parte importante del negocio, a quienes participan en la política. De algún modo el quehacer político coincide con el económico. Esta coincidencia cobra importancia si se toma en cuenta que se trata de apenas una pequeña minoría de extranjeros, cuya significación es ante todo cualitativa.

Las estadísticas de exportación de café disponibles desde 1908, demuestran la presencia e importancia de los alemanes en esta rama de la economía (ver cuadro en anexos) sintetizada en el siguiente gráfico, donde se aprecia el porcentaje del negocio manejado por los alemanes. (15) (16)

Finalmente la actividad cafetalera, se ilustra con una lista de los principales exportadores alemanes de café (1908-1923), en la cual fácilmente son identificados los particulares y empresas comerciales de alemanes dedicados al negocio (ver anexos).

Sobre los alemanes que participan en la actividad cafetalera, Carolyn Hall señala:

"Después de la lucha política en Europa Central en 1848, varios alemanes vinieron a Costa Rica. La mayoría de ellos trabajaron vinculados en el comercio...

Estos inmigrantes, lo mismo que otros compraron o construyeron importantes beneficios. Generalmente adquieren al principio la mayoría de las cosechas de pequeños productores, pero luego sembraron y explotaron sus propias fincas."(17)

Por otra parte, como ya se comentara en capítulos anteriores, no debe olvidarse la importancia del grupo cafetalero en la política, así como su relación con la gestación del Estado durante el siglo pasado, y la conformación del sector predominante, procesos que se dan con cierta simultaneidad.

Respecto a la actividad azucarera ocurre igual fenómeno. Se trata de miembros del mismo grupo que se dedican a la plantación cañera y a su posterior proceso, mediante la instalación de ingenios azucareros; para los cuales adquieren también la producción de pequeños agricultores. Debe señalarse que tanto el café como la caña requieren gran cantidad de brazos; es frecuente entonces combinar la actividad cafetalera con la plantación de caña y otros cultivos, con el objeto de disponer constantemente de mano de obra capaz de atender estas tareas.

Aún cuando la producción azucarera no tiene la misma importancia que la cafetalera, no se le debe restar significación al hecho de que miembros del grupo —cuyo número no alcanza a media docena de personas— manejan entre 1908 y 1918 del 22% al 56% del negocio, logrando establecer el control casi total del mismo, lo cual se aprecia en el siguiente gráfico. (También ver cuadro en anexos). Ello pone de manifiesto el poder económico desarrollado para lograr el dominio del sector azucarero, de otras actividades económicas.

En torno al complemento de actividades, señalan Ramírez y Solís que existe un claro control ejercido por un pequeño grupo de personas sobre los capitales comerciales; los cuales a la vez se complementan con un importante control sobre los capitales agrícolas. (18)

De tal modo que la integración de actividades agrícolas como el café, caña y banano por un lado y, el comercio importador y exportador sumado al control de la banca por otro, conforman un núcleo de gran solvencia y poder económico, ligado al ámbito político en cuanto a intereses y personas.

Stone, en cuanto a la estructura participativa del poder político, logra construir una genealogía donde:

"...se aprecia la manera en que las familias llegan a constituir lo que podría llamarse la clase dirigente en donde solamente tres familias han producido 33 de los 44 presidentes y en donde una docena (aproximadamente) ha generado las tres cuartas partes de (os 1.300 diputados de la historia de la República desde su independencia.

Cabe recalcar que estos 33 presidentes proceden de las familias de Vázquez, Acosta y González, únicamente. "(19)

Así, partiendo de la base de que realmente ha existido a través de la historia la hegemonía de un grupo social y económico determinado, se ha estudiado el caso de algunas familias alemanas vinculadas principalmente al café y al ejercicio del poder, desempeñándose como ministros, diputados y diplomáticos.

Las familias estudiadas —alrededor de dos docenas— son sometidas a un análisis genealógico, buscando los puntos de conexión con familias costarricenses. De este modo, una vez analizadas, se ha visto que sus relaciones familiares se dan precisamente con la clase dirigente identificada por Stone.

Tal situación se observa con toda claridad al construir un gran árbol genealógico que viene a reunir 550 personas (de las cuales aproximadamente la mitad son mujeres que no participan en la política), apareciendo más de 40 personas que han ejercido la Presidencia de la República en uso de las facultades que confiere la Constitución Política. Figuran también un número parecido de ministros, más de 100 diputados, algunos magistrados de la Corte Suprema de Justicia y gobernadores españoles de la época colonial.

Esto refleja sin duda la conformación de la citada ciase, así como sus vínculos a través del matrimonio, que según puede apreciarse, sirven de nexo a más de 20 familias alemanas (entre las que figuran: Koberg, Prestinary, Federspiel, Peters, Steinvorth,

Amrhein, Kopper, Runnebaum, Steffens, André, Tattenbach, Starke, Lehmann, Knöhr, Rohrmoser, Niehaus...) para insertarse dentro de este grupo político-económico. Así algunos de sus miembros desde la época colonial hacen sentir su presencia, ocupando indistintamente posiciones políticas y partidarias y los más altos puestos del Estado. De tal manera han pasado a formar parte de quienes mandan en Costa Rica. Dicha afirmación puede constatarse en los esquemas genealógicos incluidos en las páginas anexas.

Alemanes costarricenses

La familia ha sido considerada como unidad de análisis, manteniéndose tal criterio al hacerse las genealogías y basándose en ellas para determinar el rol social, económico y político de sus integrantes. Dentro de este marco se ha procedido a estudiar a tres familias alemanas radicadas en el país desde hace varias décadas atrás, que pueden ser consideradas representativas del grupo tratado.

Las tres familias —Rohrmoser, Koberg y Peters— reúnen una serie de características: se han dedicado a actividades económicas similares, es decir el comercio, la agricultura y las finanzas fundamentalmente; han ejercido el poder directamente o bien han influido sobre la toma de decisiones; han actuado como diputados, ministros, diplomáticos, directores de instituciones públicas (últimamente), o bien como dirigentes políticos o líderes de grupos de presión; se han vinculado en lo social con las familias ligadas al poder económico y político; finalmente han frecuentado clubes sociales y estudiado en selectos centros educativos.

Se puede apreciar que en general una familia mantiene cierta unidad a través de las generaciones. Sus vínculos principales son la actividad económica por un lado y las relaciones sociales por otro. Estas se sustentan sobre cierto status social definido en gran parte por el poder económico, la posesión de bienes, el nivel de ingresos, las pautas de consumo, la educación y los caracteres étnicos. Todos estos elementos están presentes en cada una de las familias, así como también lo está el rol que juegan en la política —actuando directa o indirectamente en ella— permitiéndole al grupo escalar y consolidar un lugar ventajoso dentro de la jerarquización u ordenamiento social, establecido sobre la base de los valores y principios de la sociedad en la cual se han insertado. (20)

La familia Rohrmoser, se establece en Costa Rica a mediados del siglo pasado y es una de las de mayor tradición cafetalera. El estudio de una de sus ramas centrales, permite ubicar entre sus miembros a varios diputados —incluyendo un Presidente del Congreso— además de ministros y diplomáticos. Por otra parte también se puede apreciar que en las generaciones más recientes su actividad política formal está ligada a instituciones públicas. En otros ámbitos sus miembros aparecen como directores de asociaciones y grupos de interés, cuyo poder de influencia en lo político no deja de ser importante en la toma de decisiones.

En lo social es claro el establecimiento de lazos familiares con miembros de la clase política identificada por Stone, cuyos nexos sin duda ayudan al mantenimiento social y económico de su condición preponderante en el ordenamiento social. En lo económico, sus actividades se desarrollan en torno al comercio, al café, el azúcar y las finanzas, variando conforme surgen en el quehacer económico nuevas ramas —como la empresa de la construcción y la industria manufacturera— que cobran auge a mediados del presente siglo.

Desde su inserción en el esquema socioeconómico esta familia ha mantenido los nexos con el poder político, demostrando hasta la actualidad gran capacidad de adaptación tanto en la reubicación dentro del esquema productivo, como en la conservación del status social. A tales conclusiones se llega al analizar la genealogía y actividades a las que se han venido dedicando. (Dicha información puede observarse en las páginas anexas).

La familia Koberg, establecida en el país a finales del siglo XIX, también centra sus actividades en torno al comercio y la agricultura (café), dedicándose a la importación y exportación de productos, equipo y maquinaria. En la política tiene gran participación: uno de sus miembros se postuló para la presidencia de la República en la primera mitad de esta centuria. Llegó además a ser presidente del Tribunal Nacional Electoral. Debe agregarse un descendiente diputado, dirigente a la vez de grupos de interés. Otro de sus miembros actúa también en las cámaras y asociaciones de índole económica más importantes y representativas del medio.

En cuanto al aspecto social, han conservado su. status y han podido adaptarse al proceso de cambio y transformaciones económicas sufrido por el país, agrupándose por un lado en torno a la clase política y por otro, dedicando su interés económico al comercio, a la industria y a las finanzas principalmente, dejando casi del todo la actividad cafetalera, iniciada por sus antepasados. Sobre la familia Koberg, se anexa también un esquema genealógico, acompañado de un detalle acerca de las actividades desempeñadas por sus miembros. (Ver anexos).

La familia Peters es de las tres la más nueva; pues se establece a principios de siglo, vinculándose desde sus inicios con el comercio y la agricultura. Forma parte del grupo tradicional de caficultores, tanto por la actividad económica como por los vínculos políticos y sociales. En lo político su papel ha sido más bien informal, aún cuando sus miembros aparezcan en la diplomacia y otros cargos del poder ejecutivo, siendo también relevante la actividad desarrollada en partidos políticos y grupos de presión, cuya influencia sobre la toma de decisiones no se debe ignorar.

En lo social, si bien alcanzan cierto estatus, no se da el mismo grado de vinculación de los casos anteriores con los miembros de la clase política, debido, al parecer, a que es una familia reciente y son menos las generaciones que han surgido de su seno. Sin embargo la proximidad con el grupo político tradicional, se refuerza a través de relaciones económicas, campo en el cual, además de continuar con el café, han incursionado en la industria y el comercio importador y exportador, adaptándose fácilmente a los cambios de la economía del país. También de esta familia se ha incluido, en el anexo, un estudio genealógico, acompañado de un detalle sobre las actividades de sus miembros. Al igual que en los otros casos puede apreciarse el grado de participación, el poder económico alcanzado y los lazos de parentesco establecidos con las familias costarricenses.

Su participacion en las decisiones

"La minoría poderosa está compuesta de hombres cuyas posiciones les permiten trascender los ambientes habituales de los hombres y mujeres corrientes, ocupan posiciones desde las cuales sus decisiones tienen consecuencias importantes." (21)

El ocupar posiciones dentro de los centros de poder viene a facultar a los miembros de la élite a ejercer autoridad, entendida esta por Parsons como el derecho legítimo de adoptar ciertas categorías de decisiones que son obligantes para la colectividad. (22) Por ello entonces, al insertarse los alemanes y sus descendientes en la élite y compartir la autoridad, adquieren poder de decisión en las estructuras del Estado, instrumento y marco de acción política.

La aseveración anterior se perfila cuando, a partir de la fundación de la Sociedad Económica Itineraria, aparecen los nombres de Stiepel y Wallerstéin ocupando puestos de dirección próximos al Poder Ejecutivo. También actúan como consejeros de Estado (Streber, Kümpel y otros) y ministros de gobierno desde mediados del siglo XIX hasta la actualidad (Streber, Rohrmoser, Johanning,... Niehaus), dirigiendo las carteras de Economía, Hacienda, Fomento, Gobernación, Obras Públicas y Relaciones Exteriores principalmente.

En la diplomacia figuran desde los inicios de la actividad cafetalera (Marr, Wallerstein, Kürtze, Amrhein, Niehaus) negociando empréstitos para obras públicas, ferrocarril y otros; y respaldando la posición de Costa Rica en los foros internacionales —en la guerra contra los filibusteros— así como abriendo nuevos mercados.

En los últimos tiempos muchos de sus descendientes actuarían en las juntas directivas de las instituciones públicas, creadas a mitad del presente siglo, tales como en el Banco Central (Raúl Hess y Sigurd Koberg); Banco Anglo Costarricense (Carlos Rohrmoser, Eduardo Hütt, Carlos Manuel Fernández Prestinary); Banco de Costa Rica (Carlos Rohrmoser y Franz Amrhein); Instituto Nacional de Vivienda y Urbanismo (Otto Starke); Instituto Mixto de Ayuda Social (Wilhelm Peters); ferrocarril Eléctrico al Pacífico (Clarencio Barth); Consejo Nacional de Producción (Raúl Hess y Rodolfo Peters); Instituto Costarricense de Electricidad (Oscar Rohrmoser, Fernando Runnebaum, Christian Tattenbach y Fernán Vargas Rohrmoser); Instituto Nacional de Aprendizaje (Max Koberg); Caja Costarricense de Seguro Social (Ernesto Rohrmoser y Carlos Schmidt); en subsidiarias de la Corporación Costarricense de Desarrollo (Henry Nanne); Daisa (John Otto Knöhr); Catsa (Hermann Kopper); entre otras personas.

Este sector del Poder Ejecutivo, conforma un importante núcleo de poder, en tanto su radio de acción va desde la prestación de servicios médicos y prevención social, al manejo de la banca —estatizada en 1949-, la explotación de recursos energéticos y otros. Manejan además, cerca del 50% de los ingresos del sector público y mantienen gran autonomía en los aspectos político-administrativos de cada institución.

En lo que respecta a la importancia política de esta esfera de poder, debe señalarse como motivo central la evolución del Estado a partir de la primera mitad de este siglo, cuando asume nuevas funciones y experimenta un notable crecimiento, al pasar de menos de 20 entidades descentralizadas en 1950 a más de 80 en 1980, período en el que se dan cambios cuantitativos y cualitativos en la economía, a nivel interno y externo; las relaciones políticas, al surgir y organizarse nuevos grupos y partidos políticos y, el ordenamiento social, al transformarse y adaptarse a las innovaciones en la economía y política vigente.

En el parlamento —institución ésta de gran importancia para el país por sus características políticas muy particulares en lo que se refiere a participación política y separación de poderes- figuran desde inicios del presente siglo, ocupando los descendientes de alemanes, cargos de diputados e incluso llegando a presidir comisiones legislativas y el propio Congreso (Oscar Rohrmoser y Christian Tattenbach). Así, algunos de ellos (Gólcher, Rohrmoser, Runnebaum, Koberg, Tattenbach), deciden junto a la clase política los asuntos más importantes del país que son competencia de este Poder de la República.

También aparecen miembros de las familias alemanas participando activamente a nivel de dirigencia en los partidos y grupos de presión. Los partidos políticos son vitales dentro de este sistema porque la combinación entre el sistema de partidos y el marco institucional sirven de complemento y sustento a la división de poderes. (23)

Los grupos de presión no son menos importantes, ya que a la vez tienen como objetivo influir en las decisiones públicas conforme a los intereses de cada una de las categorías sociales existentes en la sociedad, que no necesariamente se agrupan u organizan como partido político para tener acceso a la toma de decisiones. (24)

Así se encuentran en el seno de estas estructuras de poder político-económico, los nombres de los Koberg, Tattenbach, Kopper, Peters —para citar a los más actuales— en la dirigencia de los partidos y, en los altos cargos de organizaciones cuyo objetivo es defender intereses comunes: Cámara de Industria, Cámara de Comercio, Cámara de Cafetaleros, Cámara de Ganaderos y otros. El poder político de estas organizaciones se hace sentir sobre los gobiernos a la hora de tomar decisiones en asuntos que interesan a las mismas.

De tal modo que, además de tomar parte en las estructuras puramente formales como son los poderes Ejecutivo y Legislativo, influyen en las determinaciones de los partidos políticos, postulándose o escogiendo a los candidatos, cogobernando o bien haciendo oposición al gobierno. Es decir a través de los grupos de presión ejercen influencia, basándose en el poder económico y político, encauzando la determinación de las acciones que le cabe tomar a los órganos e instituciones gubernamentales.

Sin embargo no debe omitirse que el alcance como el peso del poder sustentado por miembros de este grupo, varía y se adecúa a cada circunstancia histórica. No debe olvidarse que ni los alemanes y sus descendientes ni los miembros de la clase política, se pueden encasillar dentro de una determinada agrupación política. Por esto su papel y su poder, son elementos variantes en cuanto a sus aspectos cualitativos, que por lo demás se relacionan en forma directa con las condiciones por las cuales atraviese el país.

NOTAS

1. Stone, ob. cit.
2. Geraint Parry, Political Elite (Londres: George Alien and Uvin Ltd., 1969) pp. 30-31).
3. Ibid., pp. 32-33.
4. Ibid., p. 33.
5. Raymond Aron "Social Class, Political Class, Ruling Class" C/ass Status and Power, Bendix y Lipset, eds. (Londres: Routledge and Kegan Paul Ltd. 1967) p. 204.
6. Stone, ob. cit. pp. 25-26.
7. Narciso Binayan Carmona, "La descendencia de Alfonso VI en la formación de la aristocracia americana". Hidalguía Año XXVI Nos. 148-149 (Madrid: Editorial Hidalguía, 1978) p. 500 y ss.
8. Consultar sobre el Perú, estudio realizado por François Bourricaud sobre la oligarquía en ese país. (Ver bibliografía general).
9. Binayan, ob. cit. p. 508 y ss.
10. Ibid., pp. 512-513.
11. Joaquín A. Fernández Alfaro, 45 Presidentes y 4 Obispos de la Casa Encomendera Alfaro (San José: Edición poligrafiada, 1979).
12. Ibid.
13. Stone, ob. cit. p. 26.
14. Ibid., p. 26.
15. Dicho negocio cae abruptamente a raíz de las medidas restrictivas aplicadas en contra de ellos por el gobierno costarricense en el año

1918. Se establecía que caerían bajo la pena de culpa los alemanes que hicieran en el país el negocio de compra de café a terceros, ya fuera en fruta, ya beneficiado o de cualquier otro artículo exportable. Los depósitos de café o artículos exportables de alemanes en Costa Rica, serían respetados, pero la venta sólo se podría hacer con la autorización especial del Poder Ejecutivo. Ver Sáenz, ob. cit. p. 23.

16. Con motivo de la Segunda Guerra Mundial, también se aplican a los alemanes una serie de medidas restrictivas de tipo económico y político, que afectan en forma directa a las personas y su hacienda. Por ser un hecho importante, pero que se encuentra fuera de estudio, se sugiere consultar:

17. Bernd Niehaus Q., Las leyes de bloqueo, sus orígenes internacionales, sus motivaciones nacionales y su constitucionalidad (San José: Facultad de Derecho, Universidad de Costa Rica, 1972).

18. Hall, ob. cit., p. 52.

19. Ramírez y Solís, ob. cit. p. 72.

20. Stone, ob. cit. p. 189.

21. Ciro Cardoso y Héctor Pérez B. "El concepto de las clases sociales: bases para una discusión". Revista de Ciencias Sociales N°. 12 (San José: Universidad de Costa Rica, 1976) pp. 46-47.

22. C. Wright Mills, La élite del poder (7a. Edición. México: 1978) pp. 11-12.

23. Talcott Parsons, "El aspecto político de la estructura y el proceso social" David Easton Enfoques sobre teoría política (Buenos Aires: Amorrortu Editores, 1969) p. 120.

24. Maurice Duverger, Los partidos políticos (5a. Edición, México: Fondo de Cultura Económica, 1974) p. 181.

25. Jean Meynaud, Los grupos de presión (5a. Edición. Buenos Aires: EUDEBA, 1974) p. 5.

CAPITULO V: Conclusiones

Falta de respaldo gubernamental a las politicas de inmigración

En relación a Cogía Rica, se puede señalar que el movimiento migratorio internacional incide sobre el país desde el momento de su descubrimiento, al iniciarse el proceso de poblarlo y establecerse el régimen colonial español que, siglos después sentaría las bases de la nacionalidad costarricense.

Después de la independencia de España, se incorporan nuevas nacionalidades a la corriente migratoria, viniendo inmigrantes de Europa, Norte, Centro y Sud América principalmente, muchos de los cuales deciden radicarse y fundar sus familias en esta tierra.

Según la información disponible sobre censo de extranjeros, su porcentaje con respecto al total de la población del país fluctúa entre el 2,2% y el 9,4%. (1) A esta última cifra se llega en la década de los años veinte de este siglo, con la venida de trabajadores agrícolas procedentes del Caribe. El porcentaje baja posteriormente estabilizándose alrededor de un 2,7%.

Es interesante comparar la importancia que desde el punto de vista cuantitativo ha tenido el movimiento inmigratorio en Costa Rica y Uruguay. Uruguay es un país con características similares a las costarricenses en cuanto a formación étnica, condiciones económicas, extensión territorial y nivel cultural. Según el censo de 1852 la población extranjera llegaba en Uruguay al 22% del total de los habitantes; en 1908 ese porcentaje era del 17%. (2) Como se puede apreciar cifras muy superiores a las alcanzadas en Costa Rica. La explicación de esta diferencia obedece sin duda a la efectividad de las políticas inmigratorias puestas en práctica en aquel país que, como se ha visto, difieren notablemente de las que han intentado aplicar los gobernantes costarricenses.

Respecto a la posición del fenómeno inmigratorio por nacionalidades, cabe señalar que la mayoría de los extranjeros establecidos en el país procede del área centroamericana y países vecinos. Los norteamericanos y europeos son una minoría en la cifra total.

Por otra parte debe comentarse que al menos entre europeos y norteamericanos puede distinguirse tres formas de comportamiento en cuanto a sus actitudes frente a la sociedad costarricense. Algunos extranjeros vienen al país por temporadas y su vinculación con los costarricenses es a nivel de relaciones económicas '—resultado del negocio de exportación— desarrollando su vida social en el país de origen; otros, si bien se radican permanentemente en Costa Rica, se encierran entre sí mismos a fin de conservar sus costumbres, usos, religión, valores, tradiciones, idioma y otros. Ello determina el rol social que desempeñan en relación con la sociedad donde se han instalado, participando en el campo económico principalmente, sin excluir las relaciones sociales con otros ámbitos de la sociedad, pero sin establecer por lo general lazos familiares; finalmente, un tercer grupo además de radicarse en forma definitiva, se integra de lleno en el quehacer económico, social, cultural y político. Es el caso de los alemanes, objeto de este estudio.

El Estado se preocupó por las políticas inmigratorias durante el siglo pasado. Su interés estuvo motivado por el auge económico producido por la actividad cafetalera que requería urgentemente satisfacer las necesidades tanto de mano de obra, como de una serie de demandas surgidas de dicha actividad. Ante la escasez de la población el Estado pone en marcha y propicia una serie de proyectos de colonización cuyo resultado, como se ha visto no es el esperado a causa principalmente de la falta de recursos económicos, infraestructura adecuada y eficiente organización institucional capaz de apoyar la inmigración en todas sus etapas.

A partir de los años setenta se comienza a vivir una nueva experiencia migratoria con la llegada de refugiados provenientes de Sudamérica (además de un contingente cubano). A fines de esta década se inicia el ingreso de miles de salvadoreños, nicaragüenses y algunos guatemaltecos, que buscan refugio en suelo costarricense, ante los serios problemas políticos que viven sus países. Toda esta situación lleva al Estado a redefinir sus políticas migratorias, dictar leyes, crear instituciones especializadas y recurrir a la ayuda internacional para brindar atención y asistencia a esta población, cuya permanencia y magnitud no se pueden predecir.

Abreviando, podría decirse que si bien durante el siglo pasado se motivó la inmigración poblacionista y durante el presente la inmigración eminentemente selectiva (salvo algunos casos), nunca se brindó de parte del o los gobiernos un decidido respaldo a las políticas de inmigración, de ahí que el estudio acerca del fenómeno inmigratorio deba centrarse más que todo en aspectos cualitativos, que es donde realmente se encuentran elementos de relevancia para la investigación histórica, como ha quedado demostrado de algún modo en este trabajo.

Importancia del café para la élite politica y para los alemanes

Podría decirse que este estudio que analiza el surgimiento y consolidación de una élite o clase política, se enmarca dentro del esquema planteado por Stone en su obra "La Dinastía de los Conquistadores". No por eso se deja de lado la posibilidad de buscar una reinterpretación retomando nuevamente las fuentes y datos, logrando verificar que aún variando algunos aspectos de índole metodológica e incorporando nueva información, se coincide con la obra de Stone. Existe un grupo claramente identificable que ha gobernado el país desde sus primeros días de independencia por haber heredado de sus antepasados españoles el poder político a través de lazos familiares. (3)

Este fenómeno no es exclusivo de Costa Rica. Es fácil observar la conformación de una estructura social que ha ejercido su poder político y económico en la historia de toda la América Hispana.

Sin embargo este es un tema que, por su importancia y peculiaridad exige una profunda, amplia y exhaustiva investigación no contemplada en este estudio más que en forma general.

Con los elementos aportados se llega a un acuerdo con Stone, no sólo en cuanto a la existencia de la clase política definida por él, sino a que esa clase surge alrededor de la actividad cafetalera, afianzando su poder político a través de estrechos lazos familiares.

El atraso económico —herencia de la época colonial — se empieza a superar a causa del éxito en la exportación cafetalera, que sirve de eje central de la economía nacional.

El país se abre al exterior y su progreso (4) ayuda a la conformación del grupo dominante que basa su influencia en el poder económico. Durante el proceso de consolidación el aparato económico permite la apertura y crea ciertas condiciones para la incorporación de extranjeros en el círculo que paulatinamente iría restringiendo el acceso a nuevos miembros.

La incorporación al círculo también está supeditada a la legitimación social mediante el establecimiento de lazos familiares con miembros de la clase poderosa económica y políticamente.

El café es la matriz económica sobre la cual se consolida el poder político ejercido por un pequeño grupo social, en un esquema donde la participación es escasa y está circunscrita al régimen constitucional que excluye a una gran parte de la población del quehacer político. (5)

Sin embargo en el transcurso de los años las estructuras productivas y participativas se han ido transformando, junto al café que sirve de base para el surgimiento y consolidación del Estado y de la clase política, aparecen nuevas actividades económicas y sectores sociales que emergen o bien asumen nuevos roles dentro de la realidad nacional presente. Ello naturalmente se traduciría en modificaciones en el aparato estatal, dentro del cual se crean paulatinamente las instituciones descentralizadas, que conforman una esfera de gran poder económico y político.

Dentro de esta nueva perspectiva se aprecia una aparente pérdida de poder por parte de la clase política dentro de la Asamblea Legislativa, empero al parecer ha existido más bien cierto desplazamiento hacia la dirección de las instituciones descentralizadas, desde donde toman importantes decisiones los miembros de esa clase (cuya presencia es notoria al menos en el Sistema Bancario Nacional, Instituto Costarricense de Electricidad, Corporación Costarricense de Desarrollo, Consejo Nacional de Producción, Caja Costarricense del Seguro Social, entre otras), a la cual se han incorporado los descendientes de alemanes, también miembros de la citada clase. (6)

Finalmente, se debe acotar que el poder y la representación de éste no se encuentra concentrado solamente en manos de diputados y ministros, sino que se haya en una serie de instituciones que juegan un papel fundamental en la toma de decisiones políticas que permiten el desarrollo de las actividades políticas de la sociedad en que se vive.

La élite política, determinante para el alemán

El objeto fundamental de este estudio ha sido analizar la relación que se ha dado entre la clase política de ascendencia española y los nuevos grupos procedentes de otras nacionalidades que aparecen en el seno de la sociedad costarricense. Se amplía de este modo el estudio de Stone que no contempla el ensanchamiento de la clase a la cual se incorporan nuevos miembros carentes de vinculación alguna con la hidalguía española, pero a los que, sin embargo, se les ha permitido ingresar en el círculo de poder.

La integración a la clase política se facilita por una serie de condiciones creadas en la Costa Rica del siglo XIX por factores ligados al proceso productivo. Estas condiciones sirven de base para el surgimiento económico del país y para la consolidación de los grupos que en ese campo se desenvuelven, constituyendo el elemento principal en la inclusión del inmigrante en la estructura sociopolítica, con independencia de sus condiciones personales y de las características particulares de la nacionalidad de origen.

Aún cuando los alemanes provienen de una sociedad tecnológicamente más avanzada que la costarricense, se insertan dentro de la clase —en primer término— por su participación en actividades económicas debido a que las opciones en el campo productivo están abiertas inclusive a sectores externos a la clase.

El establecimiento de relaciones de tipo familiar permitirá que, por medio del matrimonio con miembros del grupo, sean incluidos en ese nivel social. Así se facilita su participación en forma directa en el ámbito de decisión política ya sea ejerciendo algún cargo público o influyendo sobre el actuar de los gobernantes.

La inserción dentro de la clase política determina a la vez el papel del alemán y sus descendientes en el quehacer político. La acción política se regirá por los intereses y directrices de la clase de la cual ellos han pasado a formar parte. Sin embargo debe dejarse claro que la clase no necesariamente encaja exclusivamente dentro de una actividad económica, aún cuando la cafetalera sea la principal. Tampoco obedece su conducta a una única línea política. Lo que sí es en ellos una constante, es la conservación ante todo del vínculo familiar con las familias que tienen antepasados españoles.

La interrelación del café, la familia y la política, explica cómo se insertan en la clase política; cómo el café —base económica de esa clase y eje de la economía nacional — permite a los alemanes alcanzar el status económico de la clase, integrándose a través de la producción, comercialización y actividades conexas; cómo el enlace familiar legitima su posición social; cómo los alemanes y sus descendientes, una vez miembros de la clasé heredan su cuota de poder generación tras generación, acomodándose a los cambios y transformaciones en el campo económico; y cómo conservan su lugar manteniendo el poder político adquirido aunque no sean descendientes genuinos de la hidalguía española.

NOTAS

1. Fernández, Schmidt y Basauri, ob. cit. p. 15.
2. Ciro Cardoso y Héctor Pérez B., Historia económica de América Latina 2 Vols. (Barcelona: Editorial Crítica, 1979) p. 68 y ss. Vol II.
3. Stone, ob. cit. p. 13.
4. Al respecto consultar: Facio, ob. cit. p. 33 y ss. Daremblum, ob. cit. p. 19.
5. Sobre el misma tema ver: Stein, ob. cit. p. 168. .Stone, ob. cit. p. 215.
6. Información proporcionada a través de entrevista con el señor Joaquín A. Fernández Alfaro.
7. Agustín Cueva, El desarrollo capitalista en América Latina (4a. Edición, México: Editorial Siglo XXI, 1980) pp. 118- 122.

ANEXO I

128

Genealogía de la familia Rohrmoser

Julio Francisco Rohrmoser Harder (1C)
Federica Ernestina "Matilde" von Chamier von

Hijos		
Dorothea Enriqueta "Matilde" Rohrmoser von Chamier	Raúl Ernesto Jiménez Rohrmoser / Luz Arburola Valverde	Damaris Jiménez Arburola / Fernando Naranjo Villalobos
Augusta Manny Rohrmoser von Chamier	Nora Jiménez Rohrmoser / Bruce Masís Dibiasi	Bruce Masís Jiménez / Patricia Calvo Peña
Malvina Rohrmoser von Chamier		
Luis Augusto Juan "Francisco" Rohrmoser von / Carmen Duque Rodríguez		
Luisa Augusta Juana Antonia Rohrmoser von		
Augusta Rohrmoser von Chamier	Margarita Rohrmoser / Aurelio Esquivel Sáonz	
	Ernesto Rohrmoser Lahmann / Cecilia García Alvarado	Ernesto Rohrmoser García / Julia Jiménez Antillón
	Oscar E. Rohrmoser Lahmann / Claudia Voiio Sancho	Oscar Rohrmoser Voiio / Virginia Saravia Prado
Augusta Juana Rohrmoser von Chamier / Guillermo Otto Lauenstein Baumgart		María Eugenia Rohrmoser Voiio / Manuel Freer Jiménez
Luisa Guillermina "Antonia" Rohrmoser von Chamier	Lily Rohrmoser Lahmann / Guillermo Vargas Fació	Liliana Vargas Rohrmoser / Jorge Castro Calzada
Hermann Emilio Rohrmoser von Chamier		Fernán Vargas Rohrmoser / Virginia Mendiola Bengoechea
Gustavo "Ernesto" Rohrmoser von Chamier / Deidamia Carranza Pinto	Federico Guillermo Rohrmoser / Amelia Montealegre	Guillermo Rohrmoser / Sarita Pérez Sáenz
Pablo Rohrmoser von Chamier	Carlos Rohrmoser Lahmann / María Terán Valls	Flora Rohrmoser Montealegre / Carlos Eduardo Robert Góngora
		Ricardo Pacheco Montealegre / Cristina Flores Lara
	Emilia Montealegre / Ricardo Pacheco Lara	Cecilia Pacheco Montealegre
Alberto Oskar Rohrmoser von Chamier / Matilde Zamora Solares		Ernesto Montealegre Saborío / Marisia Guardia Pinto Mario
	Ernesto Montealegre / Odilie Saborío González	Mario Montealegre Saborío / Ana Lorena Gallegos Solís
	Marta Montealegre Rohrmoser / Enrique Collado Quirós	Rodrigo Montealegre Echeverri / Ana Isabel Echandi Ulloa
Carlos "Rodolfo" Rohrmoser von Chamier	Rodolfo Montealegre / Carmen Echeverri Yglesias	Rodolfo Montealegre Echeverri / Carmen María Pinto López
		Carlos Montealegre Quirós
	Juan José Montealegre / María Cristina Quirós Quirós	Arturo Montealegre Quirós / Ximena Soler Legarreta
		Juan José Montealegre Quirós / Giselle Fernández Alfaro
	María Cristina Montealegre / Jorge Escalante Bonilla	Gregorio Escalante Montealegre / Marie Pennye Matheu
	Amelia Montealegre / Federico Rohrmoser Lahmann	Alvaro Escalante Montealegre / Hilda Fonseca Zamora

(1C) Julio Francisco Rohrmoser Harder: cafetalero, fundador de la Casa de su apellido en Costa Rica, donde arriba en 1853 con su esposa e hijos, procedentes de Königsberg, en la Prusia Oriental. Su primera actividad económica tendrá relación con la compra de un hotel en San José (1854), posteriormente adquiere en Heredia una finca cafetalera que llamaría "Alemania" (1859), la cual pasa más tarde a sus hijos.

(2Cd) Luis Augusto Juan "Francisco" Rohrmoser von Chamier: cafetalero, comerciante, administrador de los negocios de su padre (1C), fundador de la primera agencia de aduanas del país, con oficinas en San José, Limón y Puntarenas, en asocio con don Luis Kruse y don Jorge Kaempffer, Cónsul de Alemania en Puntarenas.

(3Cd) Gustavo "Ernesto" Rohrmoser von Chamier: comerciante, socio de la empresa exportadora "Rohrmoser & Lyon", Cónsul de Alemania en San José.

(4DR) Raúl Antonio Jiménez Guido: Diputado por Puntarenas (1949-53), Regidor.

(5d) Luis Kruse Büther: diplomático, Cónsul de Alemania en Limón.

(6MDC) "Oscar" Francisco Rohrmoser Carranza: cafetalero, comerciante, socio de: "Rohrmoser y Carranza", dueño de "Oscar Rohrmoser", miembro de la Junta Directiva del "Banco de Costa Rica", Ministro en las carteras de Fomento, de Gobernación y de Obras Públicas, Diputado y Presidente del Congreso.

(7MR) Bruce Masís Dibiasi: Ministro de Economía, Industria y Comercio, Regidor del Cantón Central de Cartago, miembro del Centro para el Estudio de los Problemas Nacionales (PLN), Ministro de Agricultura y Ganadería, miembro de la Junta Directiva del "Consejo Nacional de Producción"; empresario industrial.

(8) Aurelio Esquivel Sáenz: miembro de la Junta Directiva de la "Junta de Protección Social"

(9) Ernesto Rohrmoser Lahmann: Cafetalero, Regidor.

(10C) Carlos Rohrmoser Lahmann: cafetalero, miembro de la Junta Directiva del "Banco Anglo Costarricense" (1950-52); y del "Banco de Costa Rica" (1852-54).

(11M) Fernando Naranjo Villalobos: Ministro de Desarrollo; Asesor Económico de la Presidencia de la República; Presidente Ejecutivo de la "Caja Costarricense de Seguro Social" (administración Oduber Q.).

(12M) Bruce Masís Jiménez: Ministro a.i. de la Presidencia; Viceministro de Economía, Industria y Comercio; Vicepresidente de la "Corporación de Desarrollo Agroindustrial Costarricense, S.A." (Subsidiaria de "CODESA"); empresario industrial.

(13C) Ernesto Rohrmoser García: cafetalero; empresario industrial, financista; ha sido miembro de la Junta Directiva de la "Caja Costarricense de Seguro Social" (1978); miembro del Consejo Nacional de Financiamiento Externo del Gobierno de Costa Rica; Jefe de Delegados del Tribunal Supremo de Elecciones.

(14C) Oscar Rohrmoser Volio: cafetalero; empresario industrial y comercial, financista; miembro del Consejo Directivo del "Instituto Costarricense de Electricidad" (1960); Consejo de Administración- de la "Compañía Nacional de Fuerza y Luz", también de la "Radiográfica Costarricense" y de la "Junta de Protección Social".

(15d) Manuel Freer Jiménez: Embajador Delegado Permanente de Costa Rica ante los organismos europeos de las Naciones Unidas; ex Procurador de la República; Asesor de la Presidencia de la República en asuntos del mar; miembro del Consejo Asesor del Ministerio de Relaciones Exteriores con cargos de Embajador; Delegado de Costa Rica ante la Asamblea de las Naciones Unidas; Delegado de Costa Rica ante la Tercera Conferencia de Derechos del Mar; Comisionado Nacional ante la C. I. A. T.

(16Cd) Fernán Vargas Rohrmoser: cafetalero; empresario agrícola e industrial; Encargado de negocios de Costa Rica en Madrid, España (1958); Ministro Consejero de la Embajada de Costa Rica en Francia (1958); Embajador Extraordinario y Plenipotenciario de Costa Rica en China Nacionalista (1959).

(17C) Guillermo Rohrmoser Montealegre: cafetalero, empresario industrial y comercial; Gerente General de la "Compañía Nacional de Fuerza y Luz".

(18) Carlos Eduardo Robert Góngora: empresario ganadero; Presidente Ejecutivo del "Consejo Nacional de Producción".

(19D) Ricardo Pacheco Montealegre: cafetalero; Diputado por San José (1949-53), Ejecutivo de "Líneas Aéreas Costarricenses, S.A.".

(20C) Ernesto Montealegre Saborío: cafetalero.

(21) Mario Montealegre Saborío: Empresario; Presidente de "Cementos del Valle, S.A."; Secretario de "Distribuidora Costarricense de Cemento", empresas subsidiarias de "CODESA", ente estatal.

(22C) Rodolfo Montealegre Echeverri: cafetalero; Tesorero de la Cámara Nacional de Cafetaleros, miembro de la Junta Directiva del "Consejo Nacional de Producción" (1960-65).

(23C) Carlos Montealegre Quirós: cafetalero, miembro del Comité Asesor de la Cámara Nacional de Cafetaleros; Fiscal de la "Central Azucarera Tempisque, S.A." (Subsidiaria de "CODESA"); miembro de la Asamblea Nacional del Partido Unidad; dirigente del Partido Unión Popular.

(24C) Gregorio Escalante Montealegre: cafetalero, empresario.

(25C) Álvaro Escalante Montealegre: cafetalero, empresario.

NOTA: Debe aclararse que algunas de las personas que aparecen en la última generación, han ido dejando en forma paulatina las actividades relacionadas con el café, al urbanizar sus propiedades y dedicarse a otras actividades económicas tales como la representación de empresas extranjeras, importación de maquinaria pesada, sector financiero, medios de comunicación (periódicos y radioemisoras), empresa de la construcción y comercio fundamentalmente.

Genealogia de la familia Koberg

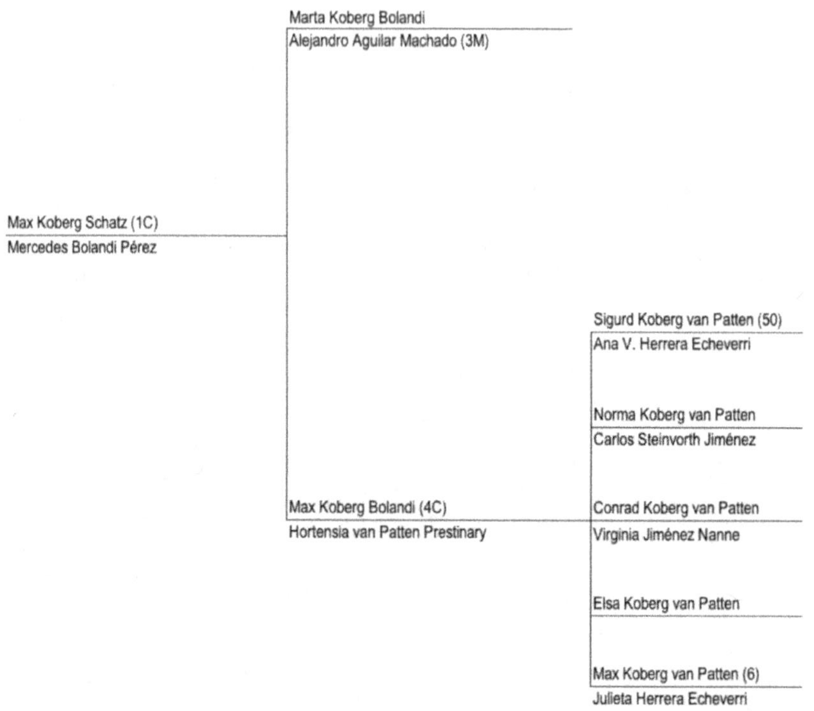

(1C) Max Koberg Schatz: cafetalero, fundador de la Casa de su apellido en Costa Rica, original de Bremen, viene al país a comprar café para su comercialización en Alemania; sus viajes se dan en la década de los años 80; a finales del siglo decide terminar sus negocios en Alemania y radicarse en San José. Se va a dedicar a la actividad cafetalera, compra un beneficio en Sabanilla y establece la marca de café "KOBERG ESPECIAL", además de adquirir la finca "La Marta", funda la firma comercial "KOBERG & ECHANDI" en 1909.

(2C) Marta Koberg Bolandi: cafetalera, su nombre aparece constantemente entre el grupo de exportadores de café.

(3M) Alejandro Aguilar Machado: Ministro de Educación, Ministro de Relaciones Exteriores, Benemérito de la Patria.

(4C) Max Koberg Bolandi: cafetalero, comerciante, toma parte en la administración de los negocios de su padre, independiza la firma "KOBERG", trae como socio a Franz Amrhein Becker. El "ALMACEN KOBERG", será una de las casas importadoras más importantes del país, sobre todo en lo que respecta al ramo de ferretería y artículos eléctricos. Koberg, llega a ser nominado candidato a la Presidencia de la República en el año 1932, elecciones que gana don Ricardo Jiménez O., por otra parte en 1948, le toca ser Presidente del Tribunal Nacional Electoral.

(5D) Sigurd Koberg van Patten: Diputado, sus actividades giran en torno al sector empresarial e industrial, actuando a la vez activamente en la política, siendo electo Diputado en el año 1974, ha sido presidente y jefe de la Fracción del Partido Unión Republicana. Miembro de la Comisión Asesora del Ministerio de Hacienda (1969-70), miembro de la "Asociación Nacional de Fomento Económico (ANFE)" además le ha correspondido participar en varias industrias dedicadas a la fabricación de artefactos para iluminación, equipos de control y distribución de electricidad; ha viajado en carácter oficial a los Estados Unidos a instancias del Banco Interamericano de Desarrollo, igualmente lo hizo en Misión Oficial a la U.R.S.S., Hungría y Rumania (1971). Presidente de la "Cámara de Comercio de Costa Rica".

(6) Max Koberg van Patten: Industrial y financista; llega a ocupar la Presidencia de la "Cámara de Industrias de Costa Rica", miembro de la Junta Directiva del "Instituto Nacional de Aprendizaje".

(C)   Cafetalero
ÍDÍ   Diputado
id)   Diplomático
IM)   Ministro
IV)   Viceministro
(R)   Regidor

Genealogia de la familia Peters

María Peters Scheider — Adolf Krebbs Peters
Adolf Krebbs

Rodolfo Peters Scheider (3 Cd)
Cecilia Solórzano Ross
- Ilonka Peters Solórzano / Nicolás Peña Llach
- Helga Peters Solórzano / Rogelio Malavassi Barrientos
- Gertrud Peters Solórzano
- Rudolf Peters Solórzano / Rita Chaves Lobo
- Konrad Peters Solórzano / Fabiola Urbina Peña

Gertrud Peters Scheider
Ingo Kalinowsky

Wilhelm Peters Scheider (4C)
Klara Scheider Algier

Wilhelm Peters Scheider
Ilse Seevers Steinvorth
- Manfred Peters Seevers (6CV) / Ana Batalla Hurtado
- Ekhart Peters Seevers (7C) / Margarita Calvo Peña
- Ronald Peters Seevers / Barbara Huber Roach

Werner Peters Scheider (5C)
Ana Steinvorth Jiménez
- Karen Peters Steinvorth / John Bursdal
- Doris Peters Steinvorth / Alvaro Rodríguez
- Gabriela Peters Steinvorth / Eduardo De La Expriefia Zeledón
- Marlene Peters Steinvorth / Ronald Wiemmer
- Ilse Peters Steinvorth / John Leoni

(1C) Wilhelm Peters: fundador de la casa de su apellido en Costa Rica, natural de Heildelberg, Alemania, llega al país durante la última década del pasado siglo. Se inicia en la Farmacia Alemana, en la cual trabaja con el químico alemán Carlos Beutel, posteriormente se dedica a la agricultura, primero como administrador y después como propietario. Miembro del Comité Consultor Forestal y Protector de Arboles (1915). Integrante de la Junta de Caminos de La Uruca (1922). Presidente del Instituto Nacional de Defensa del Café (1933), institución cuya Junta Directiva estaba compuesta entre otras personas por León Cortés Castro. Representante de Costa Rica ante FEDECAME, organización internacional sobre asuntos del café.

(2d) María Peters Scheider: Cónsul de Costa Rica en Heidelberg, Alemania.

(3Cd) Rodolfo Peters Scheider: cafetalero, empresario; miembro de la Junta Directiva del "Consejo Nacional de Producción", director del "Banco Central", director de la "Oficina del Café", representante ante Organismo Internacional del Café, Embajador de Costa Rica ante Venezuela, Embajador de Costa Rica ante el Brasil, asesor del Ministerio de Agricultura del Gobierno de Juan Bosch en República Dominicana.

(4C) Wilhelm Peters Scheider: cafetalero, directivo del "Instituto Mixto de Ayuda Social" (1970-78), director de "Instalaciones Portuarias" (1970-74), ha sido dirigente del grupo político Acción Patria.

(5C) Werner Peters Scheider cafetalero, empresario.

(6CV) Manfred Peters Seevers: cafetalero, Viceministro de Agricultura y Ganadería, dirigente del Partido Liberación Nacional.

(7C) Ekhart Peters Seevers: cafetalero, empresario, dirigente del Partido Liberación Nacional.

(8C) Ronald Peters Seevers: cafetalero, empresario.

Los hermanos Manfred, Ekhart y Ronald Peters Seevers, conjuntamente con su padre Wilhelm Peters Scheider, participan en varias empresas comerciales importadoras de maquinaria, fincas agrícolas y exportación de café.

Imágenes

136

Fotografías sometidas a filtros de color, originales de:

- Colección Sr. Alfredo Kruse Lauenstein
- Colección Sr. Wilhelm Peters Scheider
- Colección Sra. Elsa Koberg van Patten
- Álbum conmemorativo 80 aniversario de la Francmasonería en Costa Rica" de A. Faith y R. Obregón, 1945
- Álbum vistas de Costa Rica de Fernando Zamora
- Colección Sra. Elena Villalobos Jiménez,
- Fotos Antiguas de C.R.
- Libro Azul de Costa Rica
- Colección Sr. Boris Moya P.

Familia Rohrmoser von Chamier

Julio Francisco
Rohrmoser Harder

Federica Ernestina "Mathilde"
von Chamier von Schneider

Francisco Rohrmoser
von Chamier

Gustavo Ernesto
Rohrmoser von Chamier

Ludwig von Chamier

Familia de don Julio Francisco Rohrmoser y doña Matilde Von Chamier.

Familia Peters Scheider, Wilhelm Peters, Maria Peters, Rodolfo Peters, Gertrud Peters, Wilhelm Peters, Klara Scheider, Werner Peters, 1920.

Inmigrantes alemanes

Barón Alexander
von Bülow

Dr. Alexander
von Frantzius

Dr. Karl Hoffmann

Adolf Knöhr

Wilhelm Nanne

Guillermo Steinvorth

Rodolfo Traube

Dr. Maximiliano Bansen

Otto Kopper Steffens

Julián Carmiol

Emil Spam

Franz Graf
von Tattenbach

Cristian
Tattenbach Iglesias

Max Koberg Schatz

Max Koberg Bolandi

Otto Teodoro Jesús María
de la Trinidad André Cañas

Agnes Lilly Helene
Sanmann Kempfert

Familias Steinvorth y Castro (1943)

Obispo Bernardo
Augusto Thiel

Obispo Juan
Gaspar Stork

El Obispo Thiel Hoffmann en Talamanca.

Relojería Luis Siebe, Avenida Central, 1890.

Almacén Koberg & Echandi

Beneficio de café de Rodolfo Peters, Sarchí, 1935

Cogedoras de café

143

Antonio Lehmann Merz en Cartago, 1935

Librería Antonio Lehmann

Almacén Koberg & Echandi

Cervecería Traube, 1909 ("Álbum vistas de Costa Rica" de Fernando Zamora).

145

Almacén Steinvorth, diagonal Almacén Knöhr, Avda. Central, 1918

San José inicios 1900

Apellidos de familias alemanas establecidas en Costa Rica

A

André, Arnoldo
Amrhein, Franz;
Assmann, Theodor

B

Barth, Johann
Bäcker, Edmund
Bansbach, Hans
Bayer; Karl
Bansen, Maximilian
Beer, Wilhelm
Beer, Roberto
Bornemann, Friedrich
Blessing, Agustín
Brade, Alfred
Braun, Johann;
Breymann, Rudolf von
Bülow, Alexander von
Buschmann, Johann

C

Carmiol, Julián;
Chamier, Ludwig von

D

Daser, Ludwig;
Dittel, Franz
Dibowsky, Emilio
Diepholz, Friedrich

E

Ellendorf, Franz

Ellerbrock, Heinrich
Effingger, Max
Ehrenberg, Paul
Eichler, Fritz

F

Fabian, Victor
Faber, Eduard von
Federspiel, Hubert
Flutsch, Martin
Frank, Karl
Frantzius, Alexander von
Friedrichsthal, Victor

G

Garsten, Theodoro
Gölcher, Federico
Gugoltz, Eduard

H

Hermann, Theodor
Herzog, Rudolph
Holkemeyer, Carl
Hangen, Wolf
Hangen, Enrique
Hoffmann, Karl
Hoefer, Alfonso
Holst, Otto
Hübbe, Otto

I

Ihrig, Johannes

J

Johanning, Karl
Joos, Wilhelm

K

Kirchhoff, Theodor
Koberg, Maximilian
Kopper, Arturo
Koller, Joaquin von
Knöhr, Johann
Knöhr, Adolf
Kriebel, Friedrich
Kriebel, Richard
Kruse, Ludwig
Kreutzwald, Maria
Kürtze, Franz
Kumpel, Johan
Kissling, Walter

L

Lahmann, Friedrich
Lang, Johan
Lachner, Vicente
Lehmann, Antonio
Lehmann, Walter
Leipold, Ludwig
Lippe, Hermann zur
Littmann, Friedrich
Luthmer, Carl
Luthmer, Otto
Lutz, Agathon
Lutchauning, Horacio

M

Marr, Wilhelm
Maison, Friedrich
Mathiess, Friedrich
Müller, Franz
Müller, Karl

N

Nanne, Wilhelm

Nauck, Ernst
Nevermann, Ferdinand
Niehaus, Wilhelm

O
Odenhal, Johann

P
Peters, Wilhelm
Piepper, Agustín
Polakowsky, Helmuth
Prestinary, Theodor Hack
Preussen, Sigismund von

R
Reimers, Fritz
Reitz, Peter
Reising, Willi
Rohrmoser, Franz
Rothe, Ferdinand
Runnebaum, Heinrich

S
Sauter, Erick
Sandweg, Adolf
Seevers, Georg
Seebach, Karl von
Schnitzler, Hermann
Scheider, Klara
Schmidt, Walter
Schröeter, Otto von
Schwarz, Gustav
Shermann, Erick von
Schuster, Otto
Schütt, Richard
Spam, Emil
Stiepel, Georg

Streber, Ferdinand
Stork, Johann
Starke, Federico
Steffens, María Amalia
Steffens, María Guillermina
Staufer, Joseph
Steinvorth, Wilhelm
Steinvorth, Otto
Steinvorth, Walter

T

Tattenbach, Franz
Thiel, Bernhard
Thomson, Salvador
Traube, Joseph
Traugott, Gustav

V

Voigtei, Phillip

W

Wallerstein, Eduard
Wagner, Moritz
Wedel, Paul
Wendeland, Hermann
Witting, Wilhelm
Willie, Carl
Wiss, Felix
Wimmer, Heinrich
Wollgarten, Carl

Exportadores alemanes

PRINCIPALES EXPORTADORES ALEMANES DE CAFÉ
(PERIODO 1908-1923)

Arnoldo André	25.797
C. W. Lohrengel	21.045
Carlos Wahle/E. Wahle	4.599
Carlos Wille	11.951
Cía. Agrícola	5.476
Edgar Knohr & Co.	3.305
Edgar Knöhr hijos	967
Francis W. Kurtz & Co.	291
G. Scriba	983
Grinter & J.B. Ernst	549
Guido von Schröter	4.249
Guillemo Niehaus	31.426
Guillermo Beer	1.889
Guillermo Peters	17.366
J.B. & J.R. Ernst	1.580
Johan Buschmann	1.952
Jorge Seevers	3.787
Juan Knöhr hijos	10.159
Juan Kümpel	4.897
Juan Lang	357
Koberg &Co.	12.409
L.O. von Schroter	2.559
Lindo Starke	17.043
Luis Beer	4.899
Luis Beer Sucs.	7.184
M.de Koberg	13.109
Niehaus & Wille	2.424
O.J.Hübbe Sucs.	33.727
Otto Kopper	290
Riensch & Held	6.099
Rohrmoser Hnos.	100.065
Rudolph Herzog	372
Schröter Sucs.	48.855
Scriba & Co.	321
Theo Kirchhoff	1.075
VictorFabian	2.095
Von Storren	2.883
W. Steinvorth & Hnos.	21.730
Total exportadores alemanes	429.764
Participación porcentual	**12.66%**
Total exportaciones	3.392.547

Dirección General de Estadísticas y Censos - Anuarios Estadísticos años correspondientes.

Esquema genealógico

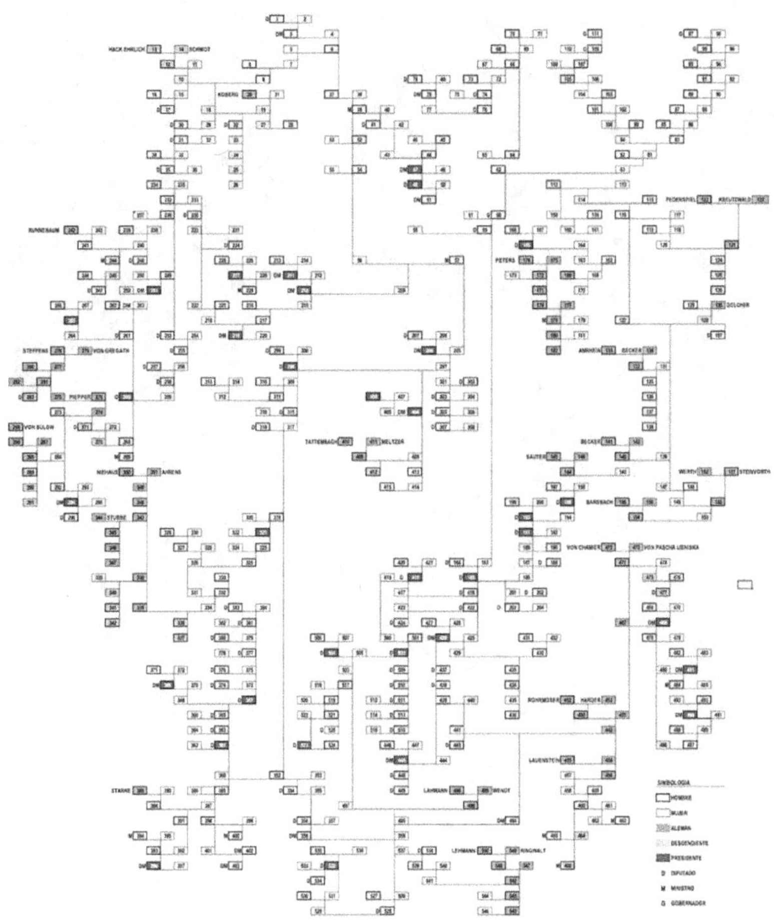

Miembros de la élite

1   Rafael Barroeta Castillo (D)
2   Rosalía Baca
3   **RAFAEL BARROETA BACA** (P-D-M) 1873-74
4   María del Rosario Guardia Robles
5   Bárbara Bonilla Nava
6   Francisco Guardia Robles
7   Catalina Guardia Bonilla
8   Carlos H. van Patten Guardia
9   Sr. van Patten Guardia
10   Matilde Hack Prestinary Pérez
11   Matilde Pérez de la Vega
12   Teodoro Hack Prestinary Schmidt
13   Carl Joseph Hack Ehrlich
14   Idda Schmidt
15   Alice Hack Prestinary Pérez
16   Juan Fernández Giralt
17   Carlos Manuel Fernández Prestinary (D)
18   Hortensia van Patten Prestinary
19   Max Koberg Bolandi
20   Max Koberg Schatz
21   Mercedes Bolandi
22   Sigurd Koberg van Patten (D)
23   Max Koberg van Patten
24   Norma Koberg van Patten
25   Conrad Koberg van Patten
26   Elsa Koberg van Patten
27   Marta Koberg Bolandi
28   Alejandro Aguilar Machado (M)
29   Berta van Patten Prestinary
30   Carlos Manuel Escalante Durán (D)
31   Manuel Escalante Durán (D)
32   Marta Peralta Esquivel
33   Rita Escalante Durán
34   Fernando Trejos Quirós
35   Fernando Trejos Escalante (D)
36   Julieta Zúñiga Pagés
37   Rudesindo Guardia Robles
38   María Gutiérrez Flores
39   **TOMAS GUARDIA GUTIERREZ** (P-M) 1877-1882
40   Perfecta Barrios Laredo
41   Carlos Guardia Barrios (D)
42   Juana Mora Monge
43   Ana María Guardia Mora
44   **RAFAEL CALDERON MUÑOZ** (P-D) 1943
45   Adolfo Calderón Calderón

46   María Muñoz Vargas
47   **FRANCISCO CALDERON GUARDIA** (P-D-M) 1941
48   Leticia Gei Bernini
49   **RAFAEL ANGEL CALDERON GUARDIA** (P-D) 1940-1944
50   María de Rosario Fournier Mora
51   Rafael Ángel Calderón Fournier (D-M)
52   Víctor Guardia Gutiérrez (D-M)
53   Esmeralda Quirós Morales
54   Miguel Guardia Gutiérrez (D-M)
55   Amalia Carazo Peralta
56   Cristina Guardia Gutiérrez
57   **PROSPERO FERNANDEZ OREAMUNO** (P-M) 1882-85
58   Dolores Oreamuno Muñoz de ia Trinidad
59   **MANUEL FERNANDEZ CHACON** (P-D) 1835
60   Félix Josef Fernández del Val y Tenorio (Gobernador 1787, 1819-1821)
61   Petronila Chacón Aguilar
62   Cipriano Fernández de Val y Acosta
63   Basilia Ramírez y García Arguedas
64   Pedro Nicolás Fernández del Val y Acosta
65   María Catarina Tenorio Castro
66   Manuel Felipe Fernández del Val y Acosta
67   Josefa Umaña Corrales
68   Juan del Val y Martínez
69   Cayetana de Acosta-Arévalo y Aguilar
70   Antonio de Acosta-Arévalo
71   Josefa de Aguilar
72   Lucía Fernández Umaña
73   Mateo Mora Valverde
74   **JUAN MORA FERNANDEZ** (P-D) 1824-29, 1829-33
75   Juana Castillo Palacios
76   **JOAQUIN MORA FERNANDEZ** (P-D) 1837
77   Pilar Bonilla Nava
78   **MANUEL ANTONIO BONILLA NAVA** (P-D-M) 1842
79   Félix Bonilla y Salmón Pacheco (D)
80   Catalina Nava del Corral
81   Bárbara García de Ergueta y Sancho de Castañeda
82   Francisco Ramírez y Castillo
83   Julián García de Ergueta y Lainez
84   Ana Josefa Sancho de Castañeda y Alvarado
85   Manuel García de Ergueta
86   Dionisia Falla de la Vega
87   Francisco de la Vega y Rivera
88   Mariana Solano y Vázquez de Coronado
89   Pedro Solano Benavides
90   María Vázquez de Coronado y Madrigal
91   Juan Vázquez de Coronado y Peláez
92   María de Madrigal y López de Ortega
93   Diego Peláez de Lermos
94   Andrea Vázquez de Coronado
95   Gonzalo Vázquez de Coronado (Gobernador 1600-1604)
96   Señora (Doña N. ?)
97   Juan Vázquez de Coronado (Gobernador 1562-1564)

98   Isabel Arias Dávila
99   Juan Sancho de Castañeda y Voglar
100   Juana Petronila de Alvarado y Vida Martel
101   Pedro de Alvarado y Vera Sotomayor
102   Catalina de Vida Martel y López de Ortega
103   Gil de Alvarado y Benavides
104   Juana de Vera y Sotomayor
105   Jorge de Alvarado y Villafañe
106   Juana de Benavides —Olim Solano
107   Jorge de Alvarado y Estrada
108   Catalina de Carvajal y Villafañe
109   Jorge de Alvarado y Contreras (Adelantado de Guatemala)
110   Luisa de Estrada
111   Pedro de Alvarado y Contreras (Adelantado de Guatemala)
112   Gordiano Fernández Ramírez
113   Rosario Fernández Hidalgo
114   Domitila Fernández y Fernández
115   José Pinto Castro
116   Alberto Pinto Fernández
117   Amelia Echeverría Aguilar
118   Alberto Pinto Echeverría
119   Margarita Gutiérrez Cañas
120   Margarita Pinto Gutiérrez
121   Hubert Federspiel Kreutzwald
122   Carlos Federspiel Ulimann
123   María Kreutzwald Vchlen
124   Carlos Alberto Federspiel Pinto
125   Hubert Federspiel Pinto
126   Roberto Federspiel Pinto
127   Eduardo Pinto Fernández
128   Mercedes Hernández Golcher
129   Juan Hernández
130   Flora Golcher
131   Ester Pinto Hernández
132   Franz Amrhein Becker
133   Kaspar Joseph Amrhein Würsch
134   Kathrina Becker Cornelius
135   Amoldo Amrhein Pinto
136   Francisco Amrhein Pinto
137   Manfred Amrhein Pinto
138   Eduardo Amrhein Pinto
139   Berta Pinto Hernández
140   Kuno Becker Achilles
141   Pablo Agusto Becker
142   Katharina Achilles
143   Marlene Becker Pinto
144   Erich Sauter Raichelle
145   Josep Sauter
146   María Raichelle
147   Lillian Pinto Hernández
148   Arturo Herrera Orozco
149   Elsa Herrera Pinto

150   Eberhard Steinvorth Berth
151   Wilhelm Steinvorth Wassner
152   Grete Werth
153   Marlies Steinvorth Herrera
154   Hans Bansbach Milller
155   Hans Bansbach Kupfer
156   Hilda Miller Lacher
157   Roberto Hernández Golcher (D)
158   Práxedes Fernández Ramírez
159   José María Jiménez Carranza
160   Alejo Jiménez Fernández
161   Virginia Bonnefield Quirós
162   Emmanuel Jiménez Bonnefield
163   Ester Morales Gutiérrez
164   Delia Morales Gutiérrez
165   **ALFREDO GONZALEZ FLORES** (P-D)
166   Domingo González Pérez
167   Elemberta Flores Zamora
168   Ester (Estela) Jiménez Morales
169   Botho Steinvorth Lauenstein
170   Ana Steinvorth Jiménez
171   Werner Peters Scheider
172   Rodolfo Peters Scheider
173   Cecilia Solórzano Ross
174   Wilhelm Peters Schuster
175   Clara Scheider Algier
176   Wilhelm Peters Scheider
177   Use Seevers Steinvorth
178   Manfred Peters Seevers (M)
179   Ana Leonor Batalla
180   Ronald Peters Seevers
181   Bárbara Hubert Roach
182   Ekhard Peters Seevers
183   Gerónima Fernández Chacón
184   Mariano Montealegre Bustamante (D)
185   **JOSE MARIA MONTEALEGRE FERNANDEZ** (P-D) 1859-63
186   Ana María Mora Porras
187   Rosa Mora Porras
188   Manuel Joaquín Gutiérrez Peñamonje (D)
189   Juana Mora Porras
190   José Antonio Chamorro Gutiérrez (D)
191   **MIGUEL MORA PORRAS** (P-D) 1849
192   Felipa Montes de Oca
193   **JUAN RAFAEL MORA PORRAS** (P-D-M) 1849-53, 1853-59
194   Inés Aguilar Cueto
195   Inés Cueto de la Llana
196   **MANUEL AGUILAR CHACON** (P-D-M)
197   Miguel Aguilar y Fernández del Val
198   Josefa de la Luz Chacón
199   Camilo Mora Alvarado (D)
200   Ana Benita Porras Ulloa
201   Sara Montealegre Mora

202 Rafael Gallegos Sáenz (D)
203 Manuel Montealegre Mora (D)
204 Camila Branger
205 Pacífica Fernández Oreamuno
206 **JOSE MARIA CASTRO MADRIZ** (P-D-M) 1847-49
207 Ramón Castro Ramírez
208 Lorenza Madriz Fernández
209 Pacífica Fernández Guardia
210 **BERNARDO SOTO ALFARO** (P-D-M)
211 **APOLINAR DE JESUS SOTO QUESADA** (P-D-M)
212 Joaquina Alfaro Muñoz
213 Bernardo Soto Herrera
214 Josefa Quesada González
215 Eloisa Soto Herrera
216 Francisco Oduber Ekmeire
217 Porfirio Oduber Soto
218 Ana María Quirós y Quirós
219 **DANIEL ODUBER QUIROS** (P-D-M) 1974-78
220 Marjorie Elliot Sypher
221 Justo Quirós Quirós
222 María Quirós Aguilar
223 Aurelia Quirós Aguilar
224 José Joaquín Trejos Fernández (D)
225 Juan Trejos Quirós (D)
226 Emilia Fernández Aguilar
227 **JOSE JOAQUIN TREJOS FERNANDEZ** (P) 1966-70
228 Clara Fonseca Guardia
229 Diego Trejos Fonseca (M)
230 Pedro Quirós Aguilar
231 Adela Quirós Fonseca
232 Pedro Quirós Jiménez
233 Dolores Aguilar Castro
234 Calixto de Quirós y Castro
235 Ramona Jiménez-Maldonado y Soto
236 Remigio Quirós Jiménez
237 Nicolasa Fonseca González
238 Arcadio Quirós Fonseca
239 Amelia Troyo García
240 María Teresa Quirós Troyo
241 Enrique Runnebaum Benavides
242 Christoph Conrad Runnebaum
243 Josefa Benavides Barrantes
244 Fernando Runnebaum Quirós (M)
245 Julieta Runnebaum Quirós
246 Roberto Leiva Reyes
247 Rodolfo Leiva Runnebaum (D)
248 Manuel de Jesús Quirós Troyo (D)
249 Pablo Quirós Jiménez
250 Mercedes Segura Masis
251 **JUAN BAUTISTA QUIROS SEGURA** (P-D-M)
252 Clementina Quirós Fonseca
253 Ascensión Quirós Jiménez (D)

254   Bartola Montero Zamora
255   José Quirós Montero (D)
256   Rafaela Quirós Montero
257   Salustio Camacho Muñoz (D)
258   Adriano Camacho Quirós (D)
259   Marita Camacho Quirós
260   **FRANCISCO JOSE ORLICH BOLMARCICH** (P-D-M)
261   Cornelio Orlich Bolmarcich (D)
262   José Orlich Zamora
263   Carmen Figueres Ferrer
264   **JOSE FIGUERES FERRER** (P)
265   Mariano Figueres Forges
266   Francisca Ferrer Mingüela
267   Jorge Orlich Bolmarcich
268   José Luis Orlich Bolmarcich (M)
269   Adelina Acosta Salazar
270   Nautilio Acosta Piepper (D)
271   Hortensia Salazar
272   Paulino Acosta Chavez
273   Adelina Piepper Steffens
274   María Guillermina Steffens von Gregath
275   Agustín Piepper Hille
276   María Amalia Steffens von Gregath
277   Federico José Steffens
278   María von Gregath Baeser
279   Arturo Kopper Trichnut
280   Otto Kopper Steffens
281   Antonieta Vega
282   Otto Eduardo Kopper Vega (D)
283   Domitila Acosta Chaves
284   Carlos von Bülow
285   Cari August Freicherr von Bülow
286   Wilhelmina von Oppeln-Bronikowska
287   Barón Alexander von Bülow
288   Carlos von Bülow Acosta
289   Alexa von Bülow Acosta
290   Domitila von Bülow Acosta
291   Juan Vicente Acosta Chaves
292   Da. Jesús García Zumbado
293   **JULIO ACOSTA GARCIA** (P)
294   Elena Gallegos Rosales
295   Raúl Acosta García (D)
296   Eudoxia Castro Fernández
297   **DEMETRIO IGLESIAS LLORENTE** (P-D) 1898-99, 1899-02
298   Joaquín Iglesias (D)
299   Petronila Llórente Lafuente
300   Elena Castro Fernández
301   Rafael Orozco González (D)
302   José María Castro Fernández
303   Joaquina Ortiz
304   Moisés Castro Fernández (D)
305   Silvia Mata Brenes

306   Ramón Castro Fernández
307   Elena Carazo Peralta
308   María Ramona Iglesias Llórente
309   Francisco de Paula Gutiérrez
310   Ezequiel Gutiérrez Iglesias
311   Josefina Braun Bonilla
312   Juan Braun Rosler
313   Elena Bonilla Carrillo
314   Francisco María Iglesias Llórente (D)
315   Enriqueta Tinoco
316   María Joaquina Iglesias Llórente
317   Saturnino Tinoco López del Cantarero
318   Federico Tinoco Iglesias (D)
319   Lupita Granados Bonilla
320   **FEDERICO TINOCO GRANADOS** (P-D-M) 1917-19
321   María Fernández Le Cappellain
322   Joaquín Tinoco Granados
324   Mercedes Lara Iraeta
325   Joaquín Tinoco Lara
326   Alice André Cañas
327   Jorge André Müller
328   Brígida Cañas Alvarado
329   Georg R. André
330   Betty Müller
331   Carmen André Cañas
332   Walter Siebe Beer
333   Luis Siebe Beer
334   Gisela Siebe André
335   Walter Niehaus Ahrens
336   Walter Niehaus Siebe
337   Ingo Niehaus Siebe
338   Hans Niehaus Ahrens
339   Fanny Quesada
340   Zaida Niehaus Quesada
341   Hans Niehaus Quesada
342   Bernd Niehaus Quesada (M)
343   Willy Niehaus Ahrens
344   Ana Stubbe
345   Wilhelm Niehaus Stubbe
346   Udo Niehaus Stubbe
347   Ana María Niehaus Stubbe
348   Kurt Niehaus Ahrens
349   Gertrud Niehaus Ahrens
350   Wilhelm Niehaus Ahrens
351   Dora Ahrens
352   Demetrio Tinoco Iglesias (D)
353   Dolores Gutiérrez
354   Ricarda Tinoco Gutiérrez (D)
355   Nelly Oreamuno Pacheco
356   Luis Demetrio Tinoco Gutiérrez (D)
357   Silvia Castro Gutiérrez
358   Luis Demetrio Tinoco Castro (D-M)

359   Carlota Lahmann y Carazo
360   Adela Jiménez Oreamuno
361   **RICARDO JIMENEZ OREAMUNO** (P-D-M) 1919-24
362   Beatriz Zamora López
363   Alfredo Jiménez Oreamuno (D)
364   Pilar Zavaleta Brenes
365   Manuel de Jesús Jiménez Oreamuno (D)
366   Cristina Rojas Román
367   **JESUS JIMENEZ ZAMORA** (P-D-M) 1863-66
368   Esmeralda Oreamuno Gutiérrez
369   **FRANCISCO MARIA OREAMUNO BONILLA** (P-D-M)
370   Agustina Gutiérrez Peñamonge
371   José Isidro Oreamuno Alvarado
372   Juana Bonilla Oreamuno
373   Ramona Jiménez Zamora
374   Mauricio Peralta Chavarría (D)
375   Dolores Jiménez Zamora
376   Félix Sancho Alvarado
377   Agapito Jiménez Zamora
378   Inés Sáenz Carazo
379   Juan de Dios Jiménez Zamora
380   Pedro García Oreamuno (D)
381   José Manuel Jiménez Zamora (D)
382   Dolores Oreamuno Carazo
383   Ramón Jiménez-Maldonado y Rodríguez Robredo (D)
384   Joaquina Zamora Carazo
385   Alberto Jiménez Oreamuno
386   María Tinoco Mendizábal
387   Hortensia Jiménez Tinoco
388   Otto Starke Gutiérrez
389   Federido Starke Urtecho
390   Mercedes Gutiérrez Urtecho
391   Otto Starke Jiménez
392   Maruja Starke Jiménez
393   Alfredo Echandi Jiménez
394   Alberto Echandi Montero (M)
395   Josefa Jiménez Rucavado
396   **MARIO ECHANDI JIMENEZ** (P-D-M)
397   Olga de Benedictis Antonelli
398   Arístides Jiménez Tinoco
399   Rosa Veiga Pinto
400   Danilo Jiménez Veiga (M)
401   Arabela Jiménez Tinoco
402   Fernando Volio Sancho (D-M)
403   Fernando Volio Jiménez (D-M)
404   **RAFAEL YGLESIAS CASTRO** (P-D-M) 1849- 1898-02
405   Manuela Rodríguez Alvarado
406   José Joaquín Rodríguez Zeledón
407   Luisa Alvarado Carrillo
408   Luisa Yglesias Rodríguez
409   Conde Franz Tattenbach Meitzer
410   Christian Tattenbach

411   Constance Meitzer
412   Christian Tattenbach Yglesias (D-M)
413   Demetrio Yglesias Castro (M)
414   Rosalia Yglesias Castro
415   Gerardo Lara Avellán (D)
416   Mariano Montealegre Fernández (D)
417   Guadalupe Gallegos Sáenz
418   **JOSE RAFAEL DE GALLEGOS Y ALVARADO** (P-D)
419   María Ignacia Sáenz Ulloa
420   Felipe Gallegos Trigo
421   Lucía Guadalupe Alvarado
422   Francisco Montealegre Fernández (D-M)
423   Victoria Gallegos Sáenz
424   Rafael Gallegos Sáenz (D)
425   Jerónima Montealegre Fernández
426   **BRUNO CARRANZA RAMIREZ** (P-D) 1870
427   Miguel Carranza y Fernández del Val (D)
428   Joaquina Ramírez García
429   Enriqueta Carranza Montealegre
430   Oskar Knöhr Zimmer
431   Johan Henrich Knöhr
432   Clara Zimmer
433   Herbert Knöhr Carranza
434   Otto Knöhr Carranza
435   Olga Knöhr Carranza
436   Erwin Knöhr Carranza
437   Higinio Carranza Ramírez (D)
438   José Ramón Carranza Ramírez (D)
439   Domingo Carranza Ramírez (D)
440   Mercedes Pinto y Castro
441   Deidamia Carranza Pinto
442   Gustavo Ernesto Rohrmoser y von Charnier
443   Jaime Carranza Pinto (D)
444   Froilana Carranza Ramírez
445   **BRAULIO CARRILLO COLINA** (P-D-M)
446   Benito Carrillo Vida Martel
447   María de Jesús Colina Gutiérrez
448   Basilio Carrillo Colina (D)
449   Joaquín Carrillo Colina (D)
450   Julio Francisco Rohrmoser y Harder
451   Mathilde von Charnier von Schwieder
452   Federico Augusto Rohrmoser Willerding
453   Albertina Dorotea Harder
454   Augusta Jenny Rohrmoser von Chamier
455   Guillermo Otto Lauenstein Baumgart
456   Luis Augusto Juan Francisco Rohrmoser von Chamier
457   Carmen Duque Rodríguez
458   Ernestina Rohrmoser Duque
459   Raúl Antonio Jiménez Guido (D)
460   Raúl Ernesto Jiménez Rohrmoser
461   Luz Arburola Valverde
462   Damaris Jiménez Arburola

463   Fernando Naranjo Villalobos (M)
464   Nora Jiménez Rohrmoser
465   Bruce Masís Dibiasi (M)
466   Bruce Masís Jiménez (M)
467   Ana von Chamier y Pascha Lienicka
468   **SALVADOR LARA ZAMORA** (P-D-M) 1881-82
469   José Antonio Lara Arias
470   Procopia Zamora Guerrero
471   Enrique von Chamier y Pascha Lieniska
472   Ludwig von Chamier y von Schwieder
473   Augusta von Pascha Lieniska
474   Juana de Zamora Solares
475   Augusta von Chamier Zamora
476   Francisco Fonseca González
477   Francisco Fonseca Chamier (D)
478   José Antonio Lara von Chamier
479   Clemencia Fernández del Val y de la Guardia
480   Mercedes Lara Fernández
481   **TEODORO PICADO MICHALSKI** (P-D-M) 1944-48
482   Teodoro Picado Marín
483   Jadwisia Michalski Wodziwoska
535   Luis Hine Ramírez
536   Enriqueta Saborío Iglesias
537   Ana Lahmann y Carazo
538   Miguel Macaya y Artuz
539   José Maria Macaya y Lahmann
540   Ada Alarcón Chacón
541   Gloria Macaya y Alarcón Chacón
542   Federico Lehmann Struve
543   Antonio Lehmann Struve
544   María Josefina Gutiérrez Gurdián
545   Eva de Lehmann
546   Carlos Lehmann Struve
547   Irmgard Struve Wrede
548   Antonio Lehmann Ringwalt
549   Emma Ringwalt
550   Antonio Lehmann Mertz

ANEXO II

"Emigración de los antepasados" por Alfredo Kruse Lauenstein

La venida

Según la tradición y la "Genealogía" impresa en Costa Rica en 1974, Luis von Chamier emigró a Costa Rica en 1851 junto con el Barón Alexander von Bülow, vía Sarapiquí. Luis von Chamier, que en Costa Rica se llamó "Ingeniero Real Prusiano", emigró con su esposa:

<pre>
Augusta Pascha, aprox. 1811 + 1875 en Alajuela, y sus hijos:
María   1836   +   1877 en Alajuela.
Francisco   aprox. 1838   +   1859 en Heredia.
Elisa   aprox. 1841   +   1869 en Alajuela.
Ana   aprox. 1844   +   1872 en Alajuela.
Enrique   aprox. 1846   +   1884 en Heredia.
Gregorio   aprox. 1848   +   1901 en San José.
</pre>

Con ellos venía también Matilde Sakolowsky, según parece hija de un General prusiano, que más tarde fue la señora de Enrique Freckmann y cumplió 88 años de edad.

Por recomendación de Luis von Chamier y Matilde Sakolowsky vinieron también a Costa Rica su cuñado y su hermana, es decir, el matrimonio Rohrmoser von Chamier, con su familia. Cuando llegó la familia Rohrmoser, ya los von Chamier tenían dos años de estar en el país.

Luis von Chamier y familia podrían haber venido de Alemania en tres barcos: la goleta de Bremen "OHIO", Capitán J. H. Bramstedt, con 58 pasajeros, que salió de Bremen a fines de abril de 1851; el bergantín de Bremen "HENRIETTE", Capitán Piening, con 61 pasajeros, que salió de Bremerhaven el 15 de mayo de 1851; o la goleta de Bremen "VIRGINIA", Capitán Klamp, que salió de Bremen a fines de setiembre de 1851, todos a San Juan del Norte

(Greytown), Nicaragua. De otros puertos alemanes en 1851 no salieron barcos a Greytown.

Obtener informaciones del gobierno de Nicaragua sobre los pasajeros es imposible, pues en ese entonces Nicaragua no tenía administración en el río San Juan, donde los ingleses con su "Reino de Mosquito" y los americanos con sus pasajeros hacia California luchaban por el poder.

Von Bülow viajó con el vapor correo inglés "CLYDE", saliendo de Southampton el 15 ó 17.11.1851 y llegando a San Juan del Norte el 20.12.1851. (Véase C. F. Reichardt "Nicaragua aus eigener Anschauung in Jahre 1852"), Alejandro von Bülow venía por encargo de la Berliner Kolonisations Gesellschaft für Central Amerika (Sociedad de Colonización de Berlín en Centro América) y seguramente ha hecho varios viajes a Centro América, pero es poco probable que haya hecho dos viajes en un mismo año bajó las condiciones de la época. Por eso considero muy probable que la familia von Chamier también haya viajado con el vapor correo "CLYDE", es decir junto con von Bülow. El National Maritime Museum, London SE 10 9 NF, me contestó que las listas de pasajeros "no sobrevivieron el año de 1890".

Anzeigen.

Schiffs-Gelegenheit für Auswanderer
von Bremen direct
nach
Costa Rica, Central-Amerika.

**Nach Salt Creek (Port Cartago)
in Costa Rica**

wird am 15. September expedirt:
das schöne, schnellsegelnde, kupferfeste und gekupferte
dreimastige Bremer Schiff erster Classe

SOLON, Capt. Joh. Klamp,

Es ist dies eine vorzügliche Gelegenheit für Cajüts-
und Zwischendecks-Passagiere, und namentlich
solchen Auswanderern besonders zu empfehlen, die nach
den Hochebenen Costa Ricas, Cartago überzusiedeln
wünschen, da die neue Straße von Salt Creek bis
dahin Anfangs November eröffnet wird.

Eine bedeutende Anzahl Auswanderer ist für obige
Gelegenheit bereits fest engagirt, und bitte ich fernere
Anmeldungen mir ehestens zukommen zu lassen.

Bremen 1853. *Fr. Wm. Rüdeker jun.*,
H. A. Heineken Nachfolger,
Schiffsmakler.

"Crónica de viaje" Por Francisco Rohrmoser von Chamier

Crónica escrita por Francisco Rohrmoser en el año 1917, sobre el viaje hecho por sus padres Francisco Rohrmoser y Mathilde von Chamier en el año 1853 desde Stettin, Alemania, hasta San Juan del Norte y su llegada hasta la capital de Costa Rica. El principio de la Crónica de Viaje se extravió, faltando tres hojas.

"Entre pasajeros y tripulantes éramos 101 personas, demasiado para un buque tan pequeño y por consiguiente muy incómodo. Sin embargo, llegamos justamente después de 3 meses y 15 días a San Juan del Norte. Aquí ya nos recibió el tío von Chamier, quien había traído desde Alajuela por encargo de von Bülow para los trabajadores para Angostura, víveres y bestias de montar; además alguna carga muy urgente para un joven en Greytown. En una chalupa de muy regular tamaño con 5 bogadores, después de haber descansado unos 4 días y arreglado víveres, etc., para el viaje, zarpamos río arriba el San Juan.

Antoinette, bergantín de 26,9 x 3,94 metros, para 101 pasajeros y tripulación. En el llegaron a Costa Rica después de 51 días de travesía, la familia Rohrmoser junto a otras alemanas a mediados del siglo XIX. (Colección Sr. Alfredo Kruse L.).

Después de buen remar por varias horas entre la fuerte corriente en esta época del año, nos alcanzó uno de los tantos vaporcitos ocupados en el río para el pasaje de tanta gente frecuentando esta ruta para y de California, ofreciéndonos remolcarnos hasta Hipp's Point frente a la desembocadura del Sarapiquí; nos cobraba 20 dólares, muy caro, pero aceptamos y pronto arribamos al puerto con unos pocos ranchos perteneciente a un joven alemán-americano Hipp, quien tenía un contrato por leña con la compañía de vapores; mientras éstos cargaban la leña cortada, vendía whisky a los buenos marchantes. Con nosotros tanto él como su compañero fueron muy amables, brindándonos esmerada hospitalidad, contándonos de su vida y de lo más interesante de ella, su viaje por tierra de Chicago a San Francisco como miembro de la compañía..., arriesgando tal aventura a tierras enteramente desconocidas, con peligro de morir por algún indio salvaje o de hambre, sed o enfermedad y debilidad.

Río Sarapiquí, 1909. (Reproducción del "Álbum de vistas de Costa Rica" de Fernando Zamora).

Pasamos el resto del día y la noche acostados en lechos de caña, por cierto muy duros. A la mañana siguiente salimos a pesar de aconsejarnos Hipp que era imposible navegar contra la enorme corriente del Sarapiquí a causa de las últimas fuertes lluvias. El tío opinaba lo contrario y después de haber agradecido a Hipp todas sus amabilidades y replicando él: "pronto estarán de regreso acá", salimos y con fuerte trabajo de los bogantes llegamos a la primer vuelta del río, desapareciendo Hipp's Point. Mas pronto nos convencimos que era inútil o imposible progresar y resolvimos regresar, ganando con la fuerte favorable corriente en minutos, lo ganado a remo en horas y sonriendo Hipp y su amigo. En la chalupa estaba todo el equipaje de la gran familia y de las dos señoritas solteras, además una regular factura de paños y casimires, en que mi padre por consejo del tío, había invertido una para nosotros fuerte suma. El anclaje estaba distante del rancho en que habitamos en la altura y tuvimos que correr peligro de robo y hasta de pérdida total si los tripulantes nicaragüenses escapaban con todo y embarcación. Así, para sacar cualquier objeto necesario había que bajar al río y en uno de estos viajes de mi madre sola, ella cayó espantada por una enorme culebra.

Por suerte Hipp, parado en la puerta del otro rancho había visto lo sucedido, corrió levantando de camino un buen palo y mató la enorme, muy venenosa culebra; después nos confesó que ya había matado otras culebras entre los ranchos o cerca de ellos. Naturalmente esto no contribuía a encontrarnos muy a gusto, pero el Sarapiquí con llover día y noche no bajaba y hasta el 5to.-día daba esperanza de poder vencer la corriente. Ya todo listo, la joven Francisca llorando acercóse a mi madre diciendo: "tía (así la llamaba), no me voy con ustedes, me quedo con Hipp, quien se casará conmigo". ¿Estás loca Francisca? contestó mi madre, maravillada de tal temeridad de casarse una joven a los 4 días de conocer el hombre, y enseguida como ella acostumbraba con todo, y' él viceversa, lo contó a mi padre. Este le replicó: "por qué no, Hipp es hombre buen mozo y sumamente simpático, por consiguiente es natural que una joven se enamore de él". Enseguida acercóse Hipp a mis padres manifestándoles: ustedes naturalmente deben extrañar tal matrimonio a la carrera entre dos personas a los 4 días de vernos por primera vez, pero amo a Francisca, es muy bonita, simpática y estoy convencido de ser feliz con ella y al mismo tiempo de hacerla feliz también, pues tengo la mejor intención; luego la seguridad de poder abandonar dentro de poco tiempo la vida silvestre acá e irnos con un capitalito a los EE.UU., mi patria nueva.

Entre lágrimas y besos se separó la buena muchacha de nosotros y con Hipp en su cayuco manejado por él, se fueron río abajo donde el primer juez de paz americano, para verificar su matrimonio. Nosotros, 8 personas, la joven prometida de von Faber, el tío von Chamier y un sirviente traído desde Stettin, nos acomodamos como mejor se pudo entre nuestra chalupa con su capitán o timonel americano, sin hablar más español que "caraco, jalen muchachos" y 5 tripulantes nicaragüenses, casi desnudos y sin más palabras en inglés que "Goddemis".

Para entenderse el patrón con los bogantes él primero me hablaba en inglés, pues algo había aprendido yo en la escuela, yo lo traspasaba al tío en alemán y éste en español a los marineros y así viceversa. El patrón y éstos siempre estaban con "caracos" y "goddemis", porque no remaban con fuerza o porque el timonel no evitaba las fuertes corrientes del río; esto desde aclarando hasta las 9,00 a. m. y del mediodía hasta anochecer, durante 5 ó 6 días hasta llegar al muelle de Sarapiquí al fin.

Estábamos sentados en la popa del bote día y noche, sólo durante éstas, los hermanos pequeños acostados en el piso, así dando un poco más lugar a los grandes, defendiéndonos contra sol, agua y mosquitos como mejor podíamos. Por suerte el amigo de la familia y tío de Francisca nos había aconsejado y obtenido 2 regulares cajas con conservas de carnes, verduras, frutas, galletas, arroz, café, azúcar, etc. y en uno de los ranchos de Hipp amasaba pan una negra americana, del cual habíamos comprado buena cantidad, pero duro como piedra; así comíamos bien, calentando conservas, arroz y café para el almuerzo en alguna playita del río, hasta podíamos dar alguito a los infelices bogas y por supuesto el patrón comía con nosotros. Para la cena en el bote se alistaban pan, galletas y alguna conserva propia y el río tenía bebida de sobra. Debo referir que un día navegando cerca de la orilla derecha del río, después de infinitos "jalen muchachos caraco" y verdaderos "ajos" con goddemis por caminar el bote en evitable enorme corriente, los bogas acercaron el bote tanto y de repente brincaron a tierra buscando defensa tras árboles porque temían bala de revólver del patrón, gritando que no seguían. ¿Qué hacer en este apuro? Al fin conseguimos que el yankee tuviera más cuidado de guiar el timón para evitar las fuertes corrientes y al mismo tiempo el regreso de los bogas, pagándoles el doble de lo ajustado por ser tan largo el viaje y tan fuerte el trabajo; la embarcación era grande y muy cargada, pues contenía una enorme cantidad de cajas, bultos, cofres, estibados al fondo casi entero y de buena altura cerca de popa, además 17 personas.

En el muelle pagamos a patrón y bogas y éstos se volvieron río abajo, y nosotros con todos nuestros bultos en tierra, subimos al rancho grande de la guarnición de unos 12 soldados bajo el mando del capitán Luis Pacheco. Este, años después, se casó con una hija de don Felipe Arce de Alajuela y portose valientemente en la guerra contra Walker. El fue muy amable con nosotros, pero vivía miserablemente y así su tropa, nuestros mozos y hasta las bestias, flacas y debilitadas por las frecuentes pérdidas de sangre a causa de los piquetes de los murciélagos y podridas las cinchas y gruperas de las sillas. Pero aún teníamos un resto de nuestros víveres, se repararon los defectos de las monturas como mejor se pudo para poder montar y salir el segundo día de la llegada.

A papá, mamá y tío, les tocaban buenas muías, también a la niña Emilia, enviada aperada por el novio, a mí un caballo blanco grande de mi primo Francisco von Chamier y tenía que traer por delante al hermanito menor Rodolfo; los otros hermanos tenían también caballos más o menos útiles. Entre éstos había una bonita yegua negra para Juana; en el primer atascadero cerquita de la posada, para poder salir la yegua rompió la cincha y la hermana casi desapareció dentro del lodo. Mi caballo, debilitado por falta de comida y sobrante pérdida de sangre, para no maltratarlo mucho, me hizo caminar más a pie, con sólo Rodolfo siempre sostenido por mí cuando había riesgo de caer; pero un día, enteramente cansado yo, sin ganas de apearme, encontramos un árbol grande caído sobre el camino y con el brinco del caballo rodé con Rodolfo en los brazos, al lodazal del otro lado del palo. Oscar, de 7 años, montaba sólo una yegüíta pequeña y un día pasando debajo en el lodo. El pobre muchachito pronto fue salvado de ahorcarse, pero bien arañado su pescuezo. Como esto sucedió ya casi de noche, lloviendo a cántaros y cerquita de la segunda estación, San Miguel, no se pudo sacar del lodo la bestia a la mañana siguiente los mozos sólo unos huesos hallaron por habérsela cenado el tigre.

La única bestia buena era la muía que le había tocado a mamá, siempre adelantándose por querer llegar a su querencia de Alajuela; cuando mi madre quería pararla para ver acercarse la familia, como en lugar de freno tenía un cabresto de crin de la jáquima (I), ella al acercarse a un árbol delgado pegado al camino, daba una vuelta al mecate y así lograba parar la muía. Cada día se pusieron más inútiles las bestias, por flacas y maltratadas por las monturas, obligándonos a caminar a pie la mayor parte del horrible camino tan largo, generalmente montañoso y muy lodoso, máxime en esta temporada del año tan lluviosa; casi todos los numerosos ríos y riachuelos habían perdido sus puentes; para poderlos pasar frecuentemente había que botar un árbol con inclinación de caer bien; sobre éste, los mozos pasaban a las personas y equipajes y a nado las bestias, lo que naturalmente siempre nos hizo llegar tarde a las posadas. Al arribar a la primera, Cariblanco, topamos con un señor muy bien montado, con mozo y bestia de relevo; resultó ser von Faber, el novio de la joven Emilia. Estos dos siguieron con nosotros hasta donde se aparta el camino a San José del de Alajuela. El penúltimo día después de larga caminata a pie trepando un cerro, enteramente cansados y hambrientos, pues la última noche tuvimos que acostarnos en los estancos de caña casi sin haber comido en todo el día por haberse acabado lo que habíamos traído; el tío Chamier, saliendo cerca de una cuadrilla de trabajadores para componer o reconstruir un tramo del camino, bajo el mando de un señor Montes de Oca, le envió a éste un papelito rogándole facilitarnos algún alimento; efectivamente no muy tardado llegaron con nuestro mozo 2 peones trayendo cada uno un gran balde. El uno contenía tortillas, que ya habíamos visto y también probado en alguna posada, pero el otro contenido nos era del todo desconocido, eran frijoles negros nunca vistos.

No eran muy sabrosos, preparados para peones como las tortillas, pero muy apetecidos por el hambre de sus consumidores, la familia y los mozos. A propósito de éstos, debo mencionar a nuestro Augusto, traído desde Stettin, sumamente voluntario, siempre complaciente, ayudando y haciéndose útil y agradable. Y así siguió con nosotros en el campo, pero echándose a perder una vez cambiados a San José, a causa del aguardiente u otro licor más fino de nuestro negocio de hotel. Después de haber almorzado y descansado bien, seguimos para la última posada, de donde el tío mandó otro papelito a su amigo don Manuel Castro de Alajuela, suplicándole enviarnos bestias por no poder caminar las nuestras. Sin embargo él ordenó a la siguiente mañanita del 18avo día, desde nuestra partida de San Juan del Norte, caminar a pie y así topar con la remuda, regañándonos cuando nos sentábamos a descansar; esto causó a mi padre a replicarle: "aquí quedaremos sentados esperando los caballos". El tío, ya de 48 años, era un joven en agilidad y fuerzas, quien no podía comprender nuestro cansancio y debilidad a causa del tan penoso y largo viaje, comiendo y durmiendo mal, etc., pues estaba tan fresco como recién salido de su casa.

Al poco rato llegaron unas personas bien vestidas y montadas, trayendo consigo las deseadas bestias y a cada uno le tocó una buena, a mí con Rodolfo un caballo bayo magnífico pero suave. Como a las 2:00 p. m. nos apeamos en casa de don Miguel Castro en Alajuela, recibidos con verdadera amabilidad por él, su señora doña Gregoria e hijos Leovigildo, Samuel, Benjamín y una hija ya casada, pero viviendo con los padres con su esposo. Pronto esta buena gente hizo olvidarnos las fatigas, sirviendo el tío y dos primos, María y Francisco, de intérpretes.

Todos comimos y cenamos bien y dormimos de a dos por cama en un gran salón con muchas camas anchas y cortinajes vivos en dibujos de elefantes, camellos, etc. En cierta cama dormían don Manuel y doña Gregoria, en otra la hija y su esposo y las demás las ocupaba la juventud de a dos y sexo. El gran dormitorio era una casa de madera expresamente construida en el solar; por éste pasaba la acequia de buena agua para beber y lavarse las personas y la ropa. La mañana siguiente, muy agradecidos por la tan fina hospitalidad brindada, nos despedimos para seguir a caballo o en carreta a la hacienda Tacares a medio camino entre Alajuela y Grecia, comprada desde meses por tío al mismo señor Castro con fondos de nosotros, usados en gran parte para comprar bueyes, vacas, caballos, etc., y para preparar terreno para sembrarlo con maíz y frijoles, pues la finca fue adquirida con buenos plazos.

No recuerdo la fecha, pero nuestro arribo a Alajuela fue en día festivo, es decir, o el primer domingo de enero de 1854 o el 6, día de los reyes. La casa de la hacienda de Tacares era bonita, de dos pisos, construida toda de madera algo rústica del país. Abajo había 2 grandes dormitorios para cada una de las familias Chamier y Rohrmoser; los papás tenían cuartos arriba y el primo Francisco y yo dormíamos sobre un cuero en un rincón del corredor del alto, al lado sur y oeste; abajo también había un amplio corredor al que seguía la cocina bajo techo aparte. Ya anocheciendo el día de nuestra entrada a la nueva residencia fui a pasear con el primo Francisco a un potrero cerca de ella; vimos un animalito pintado de negro y blanco, creyendo que era un monito, yo para cogerlo con mucho ánimo me quité la larga leva o saco y logre tapar el monito. Mas enseguida sentimos un horrible hedor y el primo exclamó: "es un zorro hediondo, suéltalo". Por supuesto obedecí, pero en mi vestido quedó el hedor, a pesar de tenderlo al sol durante meses, y, perdióse.

He estirado quizás demasiado nuestro viaje desde el puerto hasta acá, pero las circunstancias lo causaron y gracias al acompañamiento del experto tío con todo lo habido, hemos pasándola mejor que las demás familias sin ayuda de nadie, padeciendo de niguas y piquetes de insectos, hasta de hambre. La de "Gölcher" vivía días enteros de las lapas y loras cazadas por el papá, llegando en pura miseria a San José.

A los trabajadores para la Colonia en Angostura comparativamente les fue bien, porque el Barón von Bülow los trajo y había preparado lo necesario. Me causa sonrisa al oír quejarse recién venidos vía Limón, del largo y fatigable viaje por ferrocarril, aún antes en muía de Puntarenas, comparándolo con los viajes desde San Juan del Norte. Por esta vía también se importaba la mercadería fina arribada a este puerto del Atlántico con la Mala Real Inglesa, luego en bongos hasta el muelle del Sarapiquí y de allá a San José en lomo de muía o de ciertos bien fuertes cargadores a pie, generalmente de Alajuela. Así nos llegaron semanas después los bultos dejados en el muelle, pero el contenido de varios enteramente podridos, vestuario de nuestro tío. Los paños y casimires que habíamos traído con nosotros, llegaron bien y bien los vendió el tío a los señores Marcelino Pacheco y Eduardo Aymerich en la capital.

A la mañana siguiente, primera en Tacares, el tío llevó a papá, mamá y a mí, a enseñarnos la finca, nuestra propiedad. El terreno muy largo pero angosto entre los ríos Prendas y Tacares iba subiendo poco a poco; la mayor parte de la montaña virgen o charrales. Nos enseñó un frijolar ya sembrado por él, de más o menos una manzana pero conteniendo solamente a gran distancia, vimos entre una y otra alguna infeliz mata de frijol» luego el cañal de unas 4 manzanas a orillas del río Tacares y ya muy distante de la casa. La caña estaba en buen pie, alta y gruesa, pero notaronse muchos daños causados por ganado y puercos pertenecientes a un vecino del otro lado del río. Al preguntar mi padre por qué no se cerraban las cercas para impedir la entrada de anímales, el tío replicó: "es obligación del vecino". Luego vimos una gran roza para maíz y frijoles para sembrar al entrar las lluvias; pero el todo desanimó a mi padre y dijo al tío: "no veo la posibilidad de que esta finca nos proporcione la subsistencia de nuestras dos familias grandes".

Debo observar: mi padre nacido y criado en el campo, luego, como agrimensor, conociendo terrenos, etc., bien podía calcular su verdadero valor para la agricultura. El tío opinaba aumentar la roza y mientras daba cosecha produciría bien la caña; él había adquirido de su amigo y padre don Saturnino Tinoco dos pesos por quintal de dulce para la fabricación de aguardiente y él además haría buenos enteros de dinero ganando como agrimensor.

Mapa de la región de "Salzburg" en Austria, de donde emigraron a Prusia Oriental, la familia Rohrmoser. (Colección Sr. Alfredo Kruse L.).

Seguimos pues, juntas las dos familias en la mejor armonía; una semana guiaba casa y cocina la buena tía Augusta con sus tres muy bonitas hijas, la otra mi mamá con Juana y Antonia y manejando las 8 ó 10 vacas lecheras la prima María (de mi edad) ayudada por sus hermanas y primas. El primo Francisco (de 1 año y pico menor) y yo éramos boyeros o carreteros, trayendo la leña de los rózales al trapiche movido por agua y teníamos que levantarnos aún oscuro para hallar y hacer llegar los bueyes al patio. Estos los había adquirido el tío de la finca Poás de don Ramón Carranza a razón de una onza ó 17 pesos cada uno; eran grandes y bien formados, pero enteramente cimarrones; costaba mucho cogerlos y enyugarlos con un buey bien manso, razón porque eran tan baratos aún en aquel tiempo, porque una buena yunta ya valía de 4 a 6 onzas.

Para utilizar los desperdicios de la caña tío había adquirido un gran número de puercos, pero como casi nada había con qué mantenerlos, daba lástima verlos tan flacos.

Pasaban las semanas y meses gastando mi padre su dinero en peonaje e indispensables gastos para las dos familias sin ver entrar un real, pues la caña aún no estaba de corte. Todos los Chamier, con más de dos años en el país, naturalmente hablaban bien el español y los hijos aún entre sí, y nosotros sin saber ni tener posibilidad de aprender, lo que nos causaba mucho desagrado; pero así fui mandado un buen viernes a San José para comprar el sábado las papas y demás verduras, y traer dinero vencido de los paños y casimires.

Mi madre me encargó pintar al Dr. Hoffmann nuestra fatal posición y rogarle auxilio para salir de ella. Fui a caballo a casa del doctor y recibido por él y su tan hermosa esposa con toda amabilidad y pronto les conté que íbamos a perder lo que aún teníamos de capital y quedar arruinados, agregando que papá ya había desesperado, sin valor para dar los pasos necesarios para encontrar una posibilidad de cambiar la suerte.

El doctor me contestó: "aquí hay un señor paisano, soltero, con un hotel y ganas de venderlo para irse a California; este negocio sería el único con el cual ustedes podrían obtener mantención y aún más". Pero doctor, le contesté, "figúrese usted a mi padre de hotelero" (mi padre conversando sobre diferentes modos para ganar la vida, había opinado ser la peor ocupación la de un hotelero, por ser siempre el criado de todos). El doctor replicó: "su padre llevará las cuentas, para lo cual es sumamente apto y el hotel lo maneja su madre, que es muy práctica y usted, quien pronto va a cumplir 18 años... además no hay remedio u otro modo para no quedar enteramente sin recursos".

Regresé a Tacares y pronto me llamó mi mamá aparte preguntándome lo que había dicho el amigo doctor Hoffman; mencionándole la compra del hotel, me contestó: "pero Franz, figúrate a papá de hotelero", y yo le contesté lo que había dicho el doctor. Pronto mi madre hizo señas a papá de pasear con ella, pues en la casa no podía hablarle sin oírlo todos, máxime porque papá ya era muy sordo y aún con ¡a ayuda de un instrumento de lata que mucho aumentaba la voz, había que hablarle algo durito. Ya estando distante con él, mi madre le contó mi conversación con el doctor, y lo primero que él contestó fue: "pero mamá figúrate yo de hotelero". Mas ellos después de pocos días fueron a San José, apeándose también en casa de Hoffmann y ayudado por él, se le compró al señor Emilio Müller su hotel, es decir sus muebles y demás enseres, en 1.200,0 pesos al contado, prestándonos el buen paisano von Schröter algunos cienes para poder dar toda la suma y aún quedar algo para principiar. El ama de llaves era Guillermina Steffens y ella, que ya conocía bien el negocio, quedó con nosotros hasta casarse con el armero Scháfer, muerto en la guerra contra Walker del cólera; con él, el barón von Bülow y von Stülpnagel, regresando bien don Guillermo Witting, edecán del presidente Mora y Rodolfo Quehl, ayudante de Bülow y enfermo el Dr. Hoffmann desde entonces. Nuestro hotel estaba en casa de don Ramón Molina, comerciante en géneros y su alquiler valía 40 pesos por mes. Tenía salón de visitas, que daba a la calle, un salón grande de comedor, otro más pequeño, 6 pequeños cuartos para pasajeros y escaso lugar para la familia y demás personas. La casa la compró años después don Francisco Echeverría, la reformó mucho por dentro y en ella nacieron los tantos hijos que tuvo con su esposa la honorable dama Juanita, hija del muy célebre, inteligente político, primer comerciante y capitalista don Vicente Aguilar. El frente de la casa más o menos como estaba y así la adquirió años después don Justo Quirós, quien la botó para edificar una nueva de 2 pisos muy hermosa, en frente a la del General don Luz Blanco, después de don Rafael Alvarado y hoy como antes de 60 y pico de años, cerca de la iglesia del Carmen.

Tomamos posesión de ella con hotel a principios de mayo de 1854, abandonando del todo la finca Tacares, pero quedando en ésta la familia von Chamier, enterrando lo que don Luis ganaba como agrimensor hasta convencerse ser inútil y retiróse a vivir en Alajuela. Hoy por hoy sólo muy pocos descendientes viven de esta gran familia, que son 4 hijos de don Salvador Lara casado con mi prima Ana von Chamier y 2 hijas con nietos del primo Enrique von Chamier, mientras que los de la familia mía llegan a 62. Todos los Chamier descansan en el cementerio de Alajuela exceptuando los hijos de Francisco y Enrique. Como negocio nos fue muy bien con el hotel con los precios tan bajos y al fin poca vida. Por hospedaje entero mensual, es decir comida, ropa de cama, alumbrado, servicio, etc., se pagaban (o no) 30 pesos, por día uno y cuarto, la comida por mes 20 pesos, cada una 4 reales, el almuerzo 3 reales. Papá llevaba las cuentas, mamá la cocina con lo tocante a ella y arreglo de cuartos, etc., y yo el hotel. Los dos nunca aprendieron el español, sin embargó mi mamá con su modo de expresarse, causándonos risa, hacía entenderse con los sirvientes; en lo demás a ella sirvieron las hermanas y hermanitos. Estos inmediatamente a nuestra entrada a San José, fueron mandados a la escuela y era admirable cuán breve hablaron el español, creo no equivocarme, después de una semana ya hablaban muy regular, cuando las hermanas y yo —nada—. Sin embargo como la necesidad nos obliga a aprender, en pocas semanas ya podíamos entender. A mí me tocó manejar el comedor, la cantina, cobro de cuentas y todo lo que necesitaba el idioma del país.

En 1857 adquirimos del Dr. don José Ma. Montealegre, su hermosa gran casa de dos pisos, en que hoy, en nuevo edificio de un solo piso, está la ferretería de don Pablo Rodríguez & Hno., en 10.000,00 pesos con larguísimos plazos, pero reconociendo el 12% anual. En la cantina, 2 salones y otro con billar, se reunía casi todo el público amante de tales distracciones, y natural es, yo aprendí así bien las circunstancias de entonces, hasta toda la guerra contra Walker en Nicaragua; gustosamente me hubiera juntado con jóvenes amigos para tomar parte en ella, pero prohibiéndoseme por no abandonar a mi padre sin saber jota de español.

Sin embargo en 1858 tuve un disgusto con él, saqué mi caballo y fui a Puntarenas para encontrar allá un modo de vivir y pronto lo obtuve. Yo había visitado Puntarenas muy a la ligera en 1855, era puerto libre de vivo comercio y navegación. Las casas por mayor, importadoras de mercaderías en veleros ingleses de la casa Wm. Le Lacheur & Son - Londres y uno u otro de Hamburgo, eran Eduardo Beeche & Co., Crisanto Medina, Juan Knohr & Hno., Enrique Brencker, Juan Bonnefil y otras que no recuerdo; el comercio del interior y de la costa centroamericana se surtía con estas casas.

Muelle de Puntarenas, 1909, construido por Knöhr. (Reproducción del "Álbum de vistas de Costa Rica" de Fernando Zamora).

El hombre más querido, verdadero padre de Puntarenas, era don José Ma. Cañas, pero en 1858 era Ministro en San José; doña Andrea, madre del Lic. Andrés Venegas y hermanos eran también madre o hermana de todo extranjero en desgracia. El comercio por mayor residía en la calle del Estero entre la plaza Victoria y la Punta, entonces sólo a pocos metros del mar; los pequeños veleros costeros andaban dentro del Estero, los grandecitos, digamos de 300 a 500 toneladas. No existía muelle, en lanchas con velas y remos se hacía el embarque y desembarque a de las bodegas juntas a las casas de comercio; con marea favorable y con sólo 13 cargadores (de café a 2 sacos juntos se vencía toda la importación y exportación). En el punto llamado verdaderamente Angostura había un resguardo para evitar el traslado de mercadería al interior, decomisando lo que entraba. Se despachaba en carretas y aún en muías de carga los bultos al interior, previo registro de la aduana en La Garita (acabada la franquicia del puerto, después de haber caído el gobierno del Presidente Juan Rafael Mora).

En Puntarenas también se construyó y arregló luego una verdadera aduana, que liquidaba derechos al desalmacenar la mercadería, sea paria el consumo del puerto y sus alrededores, incluso el Guanacaste, o para cualquier punto de la meseta entre Cartago y Alajuela. Su administrador fue don Gregorio Escalante y su oficial mayor don Juan Vicente Marchena. El edificio era de 3 pisos, ocupándose el 1º de bodega, el 2º de la oficina y el 3º de habitación del administrador y familia, situado al frente al aserradero de don Pedro Canale. En frente de la aduana y también a la máquina de don Enrique McAdam estaba la casa de dos pisos, del inglés Alian Wallis, quien recibía gran parte de la cosecha de café para embarcar; donde hoy está Pedro Canale había otra casa del alto, con bodega abajo de Wm. Le Lacheur & Son, en donde se consignaban los demás del café para Londres y donde vivía durante cada verano don Juan Le Lacheur para embarcarlo en los veleros propios y fletados y recibir de éstos las mercaderías traídas para entregar a la aduana. La cosecha de café aún no llegaba a

100.0   sacos, venía en carreta (pocos sacos en muías). El flete de tierra comenzaba con 1 1/4 peso por carga de 2 sacos y subía generalmente en Semana Santa a 3 pesos por carga y el del puerto a San José desde un real la arroba hasta un peso en años extraordinariamente lluviosos. El flete de mar por velero o vapor de la Pacific Mail Steamship Co. "Columbus" era de 5 a 7 libras esterlinas por tonelada inglesa; el café valía 7 u 8 pesos el quintal;

el flete de mercancías creo que era algo más bajo. Acababa la franquicia de puerto, la plaza para ventas por mayor fue San José; una u otra casa tenía sucursal en Puntarenas, así la de Le Quellec que estableció don Guillermo Dent, comprando casa y negocio de Alian Wallis; éste con los señores Aguilar, Montealegre, Joy & von Schröter y otros establecieron el primer banco en San José, que después fue el Anglo Costarricense en el lugar en que aún hoy está en su nuevo y hermoso edificio; y a pesar de la triste experiencia pocos años antes, de don Crisanto Medina con su banco con todo y la protección del Gobierno de Juan Rafael Mora, por ser mal visto por los citados comerciantes, quienes al recibir un billete, por ley obligado a recibir, siempre lo mandaron al banco para cambiarlo por oro, a que Medina estaba obligado poniendo a éste, que era hombre violento, rabioso por tal abierta oposición y... se acabó su banco.

La prolongación de la calle del Estero, de la plaza Victoria al este, fue ocupada en sus lados con casas o casitas, todas de madera del país, sólo 3 ó 4 de 2 pisos, ocupadas con habitaciones o tiendas al menudeo. El único hotel en la casa de 2 pisos, esquina ocupada hoy por Magri, en 1855 fue manejado por doña Narcisa de Ladanber, en 1858 por un danés Brix. Hubo abundancia de ostiones de muy regular tamaño y finísimo gusto, de 3/4 a un peso e! ciento y así comidos crudos o preparados al fuego de sabor rico; pero los bancos fueron destruidos, cubriéndolos con yerbaje seco en mareas bien bajas, para así arrancar con más facilidad los ostiones para Semana Santa, —triste, pero verdad —. Fuera de la calle del Estero sólo una u otra casita había, lo demás eran ranchos, lados y techos de cañas y hoja seca.

La población había pasado un poco de un mil, en su mayor parte chiricanos y nicaragüenses, muy pocos del interior de Costa Rica, por temer, y con razón, las malignas fiebres o dañinas calenturas. Sin embargo, durante los veranos venían muchos visitantes del interior a caballo y familias enteras en carretas, gastando 4 a 6 días de ida o vuelta, pero considerando como placer los sesteos, preparando las comidas, bañándose en los ríos y luego en la playa, hasta quedándose viviendo un par de días en sus carretas bajo buena sombra de algún solar en Puntarenas.

La comunicación por correo entre ésta y la capital, no dejaba qué desear en el verano, pues el posta saliendo en su muía a ia 1,00 p. m. llegaba a las 6,00 p. m. del día siguiente con dos relevos en el Alto del Aguacate y en Esparta. En recio invierno llegaba 10 y 12 horas más tarde; el camino a veces era casi intransitable. Yo en octubre de

1855   salí en buena bestia temprano y llegué a Atenas donde mama Minga (un rancho) a la 1,00 p.m., antitos del aguacero; el segundo día apenas a San Mateo, el 3er. día a Esparta y hasta el 4to. día al puerto. Las carretas no podían caminar, y quedó interrumpido todo tráfico hasta llegar el excelente ingeniero don Verano, quien pronto reparó todo el camino y entonces en día y medio se hacía el viaje a caballo. Después de haber permanecido en Puntarenas unos 6 meses como dependiente de comercio, a consecuencia de frecuentes instancias de mi madre y ofrecimientos de mi padre a ella, de entregarme toda la gerencia del hotel, regresé; todos estaban aburridos de la vida de hoteleros y con ganas de cambiarla. Esto se logró en 1859 vendiendo el hotel a un señor Fröhlich y comprando una finca de café muy cerca de Heredia y por supuesto aquí tuve que manejar los peones, sin poder abandonar a la familia para emprender algo propio y para poder adelantar.

En 1863 acepté empleo donde don Francisco Kürtze, Director Ingeniero del Gobierno, como Inspector de caminos, con obligación de visitar el trayecto entre Cartago y La Garita dos veces cada semana, dirigiendo a los guarda caminos con sus respectivas peonadas y hacer mis informes verbales y escritos. Otro inspector tenía el trayecto de La Garita a Esparta o playa de Puntarenas y luego que con este sistema escogidos mandadores guarda caminos, vigilando y visitando Kürtze, acompañado del respectivo inspector toda la distancia, criticando lo hecho ordenando ¡o que debía hacerse, hubo realmente buenos caminos con gastos módicos. Yo tenía a mi disposición una buena muía y tres buenos caballos y me quedaba tiempo para la hacienda, pudiendo traducir mis hermanitos Oscar y Rodolfo las órdenes de papá al mandador.

Para Ernesto no hubo porvenir en la finca, pues no le gustaba la agricultura. De 16 años colocóse en la botica del Dr. von Frantzius en San José (el Dr. Hoffmann había muerto después de larga enfermedad). Más tarde entró donde Enr. Brencker (hoy W. Steinvorth & Hno.), y luego con don Guillermo Dent en Puntarenas, en donde progresó; casándose con la señorita Deidamia Carranza y nacieron sus hijos Oscar, Elena y Amalia; en 1880 se mudó a la capital como representante de Wm. Le Lacheur & Son.

Oscar y Rodolfo tuvieron la suerte de aprender algo con un buen maestro de escuela del sur de Alemania, quien estuvo largos años como tal en Kurlandia economizando un modesto capitalito y figurándose que sería suficiente para emprender y progresar como agricultor en Costa Rica, Para aprender antes de comprar aceptó la muy modesta oferta de mi padre a enseñar a los 2 hijos de 13 y 11 años y a Enrique y Gregorio von Chamier de iguales edades, remunerándole con una pequeña mensualidad, comida y habitación. El buen hombre quedó con nosotros como 1 1/2 año, luego se fue a Chiapas de México, pareciéndole más ventajoso para adquirir la deseada finquita de café, murió allá sin ella,

Nuestra ya bautizada hacienda Alemania era buena, pero pequeña para mantener una familia grande y producir más. Yo me figuraba que podría adelantar con carretas y bueyes entre San José y Puntarenas y mi padre, gustándole mi plan, ofreció fiarme para conseguir el dinero necesario. Me facilitó así 1.200,00 pesos don Manuel Mora al 1% mensual, compré bueyes y carretas, alquilé un buen potrero en el Desmonte y pronto se efectuó el primer viaje con remuda en Desmonte; seguí viajando apenas permitiéndolo la bueyada, trabajando duro, frecuentemente como boyero por haberse enfermado o ido algún mozo, pero siempre de envidiable salud, sin dañarme ni clima, ni sol, ni agua, ni mala comida o dormida. En el invierno el tipo de flete era alto, principalmente por bultos incómodos y pesados, como maquinaria; en un cierto viaje redondo en octubre con la del cuño gasté 18 días y también quedó inútil toda la bueyada por largas semanas. El flete a un peso por arroba me había ilusionado, Por abril de 1865 acepté la colocación de administrador de las haciendas de café de la firma Joy & von Schröter, con residencia en la principal de Curridabat, con lechería a la suiza y cien pesos mensuales; ya pudiendo Oscar bien ayudar a papá, vendí como se pudo io que me quedaba de bueyes y carretas y pagué a don Manuel Mora. Me gustó mi nueva posición, pero sólo duró un año porque regresó de Europa von Schröter, quien siempre había manejado las fincas."

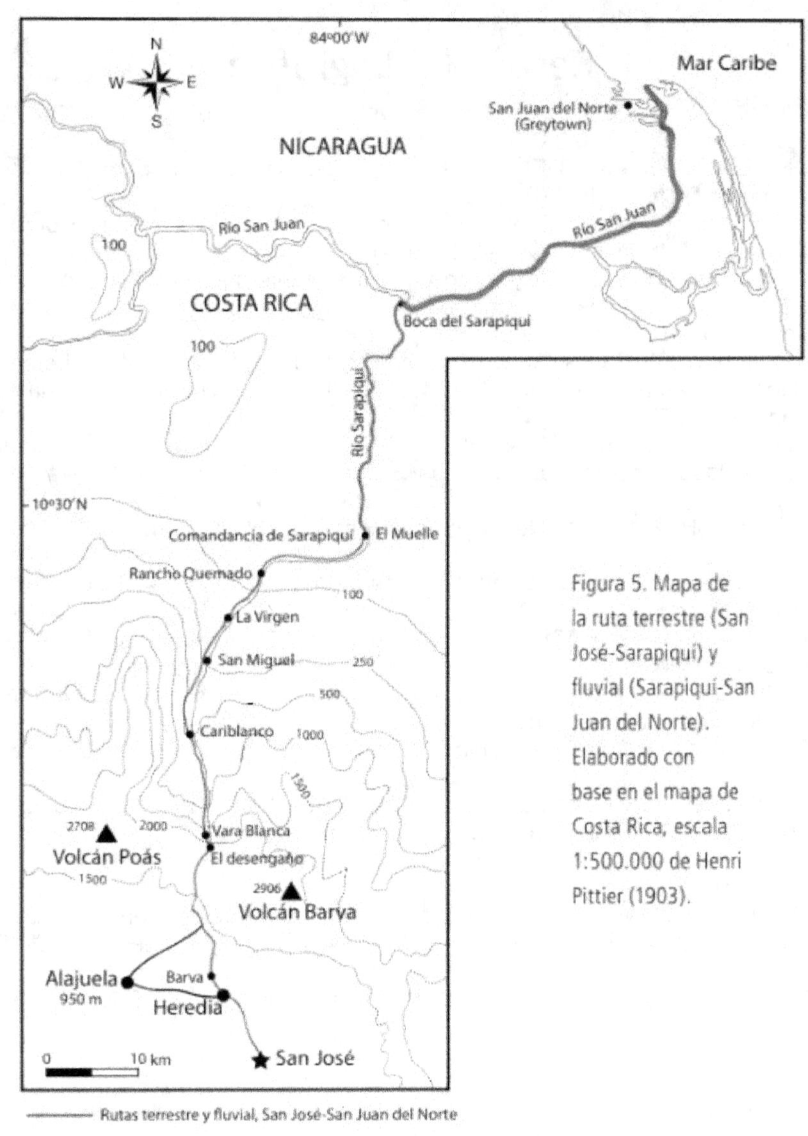

Figura 5. Mapa de la ruta terrestre (San José-Sarapiquí) y fluvial (Sarapiquí-San Juan del Norte). Elaborado con base en el mapa de Costa Rica, escala 1:500.000 de Henri Pittier (1903).

De "La ruta de Sarapiquí, 1827-1859". Por Maritza Cartín

Reseña bibliográfica

AGUILAR BULGARELLI, Oscar Costa Rica y sus hechos políticos de 7948 (2a. edición. San José: EDUCA, 1974).

ACUÑA B., Oída María y DENTON, Carlos La familia en Costa Rica (San José: Ministerio de Cultura e IDESPO, 1979).

ALBERTS, Joop "Hacia un mejor estudio de los motivos para migrar". Notas de Población N? 4. (San José: CELADE, 1974).

AITKEN SOUX, Percy "La migración y la escena internacional" Tiempo Actual. Año II, N? 6. (San José: Junta de Pensiones y Jubilaciones del Magisterio Nacional, 1977).

ARAYA POCHET, Carlos "La minería en Costa Rica (1821- 1843)". Lecturas complementarias (!). (San José: Facultad de Ciencias Sociales, Universidad de Costa Rica, 1977).

"Segundo ciclo minero de Costa Rica (1890-1938)". Lecturas complementarias (II). (San José: Facultad de Ciencias Sociales, Universidad de Costa Rica, 1977).

ARIAS SANCHEZ, Oscar ¿Quién gobierna en Costa Rica? (San José: EDUCA, 1977),

ARON, Raymond "Paretian politics" James H. Meisel Pareto & Mosca (Nueva Jersey: Prentice Hall, Inc., (1965).

ASTUA AGUILAR, José "Discurso en el Congreso" El pensamiento liberal (San José: Editorial Costa Rica, 1979).

AZOFEIFA, Isaac Felipe Guía para la investigación y desarrollo de un tema. (San José: Editorial Costa Rica, 1979).

BACKER, James La iglesia y el sindicallismo en Costa Rica. (San José: Editorial Costa Rica, 1974).

BASTOS DE AVILA, Fernando "La inmigración en América Latina" Cuadernos CELADE N?2. (Santiago: CELADE).

BENSON, Oliver El Laboratorio de la Ciencia Política. Buenos Aires: Amorrortu Editores, 1974).

BINAYAN CARMONA, Narciso "La descendencia de Alfonso VI en la formación de la aristocracia" Hidalguía. Año XXVI, Nos. 148-149 (Madrid: Editorial Hidalguía, 1978).

BLALOCK, Hubert introducción a la investigación social. (Buenos Aires: Amorrortu Editores, 1971).

BOGAN MILLER, Marcos W. "La población" Chester Ze- laya G. Comp. Costa Rica contemporánea 2 vols. (San José: Editorial Costa Rica, 1979).

La migración internacional en Costa Rica. (Heredia: IDESPO-UNA, 1980).

BONILLA, Harold Los presidentes 2 vols. (San José: Editorial Costa Rica, 1979).

BODENHEIMER, Suzanne "The social democratic ideolo- gy in Latin America: The case of Costa Rica's Partido Liberación Nacional" (Caribbean Studies 10 (Estados Unidos: octubre 1970).

BOURRICAUD, François "Notas acerca de la oligarquía peruana" Matos Marr comp. La oligarquía en el Perú. (Buenos Aires: Amorrortu Editores, 1969).

"La clase dirigente peruana: oligarcas e industriales" Matos Marr comp. La oligarquía en el Perú. (Buenos Aires: Amorrortu Editores, 1969).

CARRANZA SOLIS, Jorge Monografía del café. (San José: Imprenta Nacional, 1933).

CAMPBELL, Donald y

STANLEY, Julián Diseños experimentales y cuasiexperi- mentales en la investigación social. (Buenos Aires: Amorrortu Editores, 1973).

CARDOSO, Ciro F. "La formación de la hacienda cafetalera en Costa Rica". Lecturas complementarias. (San José: Facultad de Ciencias Sociales, Universidad de Costa Rica, 1977).

CARDOSO, Ciro F. y
PEREZ B., HéctorCentro América y la economía occidental (1500-1930). (San José: Editorial Universidad de Costa Rica, 1977).

CARDOSO, Ciro F. y PEREZ B., Héctor "El concepto de las clases sociales una discusión". Revista de Ciencias Sociales (San José: Universidad de Costa Rica). Historia económica de América Latina 2 vols. (Barcelona: Ed. Crítica-Grijalbo, 1979).

CERDAS CRUZ, Rodolfo La crisis de la democracia liberal en Costa Rica (2a. Edición. San José: EDUCA, 1975).

Formación del Estado en Costa Rica (2a. Ed., San José: Ed. Universidad de Costa Rica, 1978).

CONTRERAS SOLIS, Fernando "Desarrollo histórico del enclave bananero en Costa Rica" Lecturas complementarias (San José: Facultad de Ciencias Sociales, Universidad de Costa Rica, 1977).

CORDERO SOLANO, José A. Eí ser de la nacionalidad costarricense. (San José: Editorial Tridente, 1964).

CORPORACION COSTARRICENSE DE DESARROLLO S. A. Memoria 1980. (San José: CODESA, 1980).

CUEVA, Agustín El desarrollo capitalista en América Latina (4a. Ed., México: Ed. Siglo XXI, 1980).

DAREMBLUM R., Jaime "El auge del café y la apertura de la economía costarricense" Estudios Nos. 2-3. (San José: CIAPA, 1979).

DEUTSCH, Karl W. El análisis de las relaciones internacionales. (2a. Edición. Buenos Aires, 1974).

DEPARTAMENTO DE PRENSA E INFORMACION DEL GOBIERNO DE LA REPUBLICA FEDERAL DE ALEMANIA La realidad alemana (Bonn, 1975).

DUVERGER, Maurice Los partidos políticos (5a. edición. México: Fondo de Cultura Económica, 1974).

EASTON, David Enfoques sobre teoría política (Buenos Aires: Amorrortu Editores, 1969).

Esquema para el análisis político. (Buenos Aires: Amorrortu Editores, 1973).

ECHEVERRIA MORALES, Guillermo Breve historia de! café. (San José: Editorial Trejos, 1972).

FACIO BRENES, Rodrigo Estudio sobre economía costarricense. (San José: Editorial Costa Rica, 1975).

FERNANDEZ, SCHMIDT y BASAURI La población de Costa Rica. (San José: Editorial Universidad de Costa Rica, 1976).

FERNANDEZ GUARDIA, Ricardo, Costa Rica en el siglo XIX (2a. edición. San José: EDUCA, 1970).

FERNANDEZ MONTUFAR, Joaquín Historia ferrovial de Costa Rica. (San José: Galería del Progreso Nacional, 1934).

FERNANDEZ ALFARO, Joaquín A.45presidentes y4obispos de la Casa Encomendadora A/faro. (San José: Poligrafiado, 1974),

FERNANDEZ ROBLES Joaquín A. 30 aniversario de! /. C. E. /altos funcionarios. (San José: I. C. E., 1979).

Funcionarios a nivel de gobierno y administración superior de la C. C. S. S. (San José: C. C. S. S.),

1979).

Autoridades de gobierno y administración superior del I N. A. (San José: I. N. A., 1980).

FRIEDRICH, Karl "The political elite and bureaucracy" James Meisel Pareto & Mosca (Nueva Jersey: Prentice Hall Inc., 1965).

FRÓSCHLE, Hartmut Die Deutschen in Lateinamerika (Basel: Horst Erdmann Verlag, 1979).

GALBRAITH, John Kenneth "Informe sobre inmigrantes" periódico La Nación. (San José, 21 de noviembre de 1979).

GONZALEZ FLORES, Luis F. Historia de la influencia extranjera en el desenvolvimiento educacional y científico de Costa Rica. (San José: Editorial Costa Rica, 1976).

GUINEA MORALES, Gerardo En la cueva de Polifemo: auge y colapso de la colonización belga en Santo Tomás de Guatemala. (Guatemala: Fotocopias sin fecha).

GUDMUNDSON, Lowell "Nueva luz sobre estratificación socioeconmica costarricense al iniciarse la expansión cafetalera". Revista de historia. Año II. No. 4 (Heredia: Universidad Nacional, 1977).

HALL, Carolyn Ei café y el desarrollo histórico geográfico de Costa Rica. (2a. edición. San José: Editorial Costa Rica - U. N. A., 1978).

HALPERIN DONGHI, Tulio Historia contemporánea de América Latina (7a. Ed., Madrid: Alianza Editorial, 1979).

HANCOCK/ Ralph y

WESTON, Julián A. The iost treasure of Cocos Is/and. Nueva York: Thomas Nelson & Sons, 1960).

HELD WINKLER, Emilio Documentos sobre la colonización del sur de Chile (Santiago: Fotocopias, Biblioteca Nacional, sin fecha).

HERRERA, Felipe Nacionalismo latinoamericano. (Santiago: Editorial Universitaria, 1967).

HOPE, Kemper "The emigration of high-level manpower from developing to develope countries". International migration. Vol. XIV. No 13. (Holanda: CIME, 1976).

HOUWALD, von Goetz Los alemanes en Nicaragua. (Managua: Editorial y Litografía San José, 1975).

JIMENEZ, Mario Alberto Desarrollo constitucional de Costa Rica. (2a. Edición, San José: Editorial Costa Rica, 1973).

KINDER, Hermann y

HILGEMANN, Werner Atlas histórico mundial. 2 vols. (Madrid: Ediciones Istmo, 1971).

KULISCHER, Eugene "Migration" Encydopedia Brítanni- ca. Vol. XV. (Chicago: Encydopedia Britannica Inc., 1959).

LEÓPOLD, Werner. Der deutsche in Costa Rica. (Hambur- go: Ed. Verlag Hanseatischer Merkur, 1966).

LACOSTE, Yves. Los países subdesarrollados. (11 edición Buenos Aires: EUDEBA, 1976).

LASCARIS C., Constantino. Desarrollo de las ¡deas en Costa Rica. (2a. Edición. San José: Editorial Costa Rica, 1975).

LA PRENSA LIBRE. "¿Conviene o no al país derogar la ley de pensionados y rentitas?". Periódico La Prensa Libre. (San José, 4 de mayo de 1979).

LUBECK & LUBECK. Who's who in Costa Rica (1979-1980). San José: Litografía Universal, 1979).

MARTINEZ, Jesús P. Historia universal (Edad Contemporánea). (2a. Edición. Madrid: Eds. y Pubs. Española, 1967).

MARTINIC B., Mateo. Los alemanes en Magallanes (Punta Arenas, Chile: Instituto de la Patagonia, 1978).

MELENDEZ CHAVERRI, Carlos. Carl Hoffman, viajes por Costa Rica. (San José: Ministerio de Cultura, 1976).

Costa Rica: tierra y poblamiento en la colonia. (San José: Editorial Costa Rica, 1977)

Documentos fundamentales del siglo XIX. (San José: Editorial Costa Rica, 1978).

MELENDEZ CHAVERRI, Carlos y DUNCAN, Quince. El negro en Costa Rica. (San José: Editorial Costa Rica, 1977).

MEYNAUD, Jean. Los grupos de presión. (Buenos Aires: EDEUBA, 1972).

MILLS, C. Wright. La élite del poder. (7a. edición, México: Fondo de Cultura Económica, 1978).

"Notes on Mosca". James Meisel Pareto & Mosca. (Nueva Jersey: Prentice Hall Inc., 1965).

MICHELS, Robert. Los partidos políticos. 2 vols. (Buenos Aires: Amorrortu Editores, 1973).

MONTIEL, Aida María. Historia del Poder Ejecutivo en Costa Rica, (1902-1924). (San José: Tesis Universidad de Costa Rica).

MORNER, Magnus. La mezcla de razas en la historia de América Latina. (Buenos Aires: Editorial Paidós, 1969).

MON GE ALFARO, Carlos. Historia de Costa Rica. (14a. Edición. San José: Editorial Trejos, 1978).

MURILLO VILLAREAL, Isidro. "Desolación en el principado de San Miguel". Periódico La Nación. (San José, 5 de agosto de 1979).

MINISTERIO DE RELACIONES EXTERIORES Y CULTO.

Memoria año   1885. (San José, 1885)
Memoria año   1890. (San José, 1890)
Memoria año   1895. (San José, 1895)
Memoria año   1900. (San José, 1900)
Memoria año   1905. (San José, 1905)
Memoria año   1910. (San José, 1910)
Memoria año   1915. (San José, 1915)
Memoria año   1925. (San José, 1925)

Extracto de disposiciones importantes sobre ei Derecho de Asi/o para servicio de ios diplomáticos de Costa Rica. (San José, Imprenta Nacional, 1972).

MINISTERIO DE SEGURIDAD PÚBLICA. Memoria anual, período 1968-1969. (San José, 1969).

MINISTERIO DE HACIENDA Y COMERCIO. Memoria año 1900. (San José, 1900).

Memoria año 1908. (San José, 1908).

NIEHAUS Q., Bernd. Las leyes del bloqueo, sus orígenes internacionales, sus motivos nacionales y su consti- tucionalidad. (San José, Universidad de Costa Rica, 1972).

OFIPLAN. Pian Nacional de Desarrollo 1974-1978. San José, 1977).

Plan Nacional de Desarrollo 1979-1982. (San José, Imprenta Nacional, 1979).

Enfoques y decisiones del gobierno de la República en relación a la política de población. (San José, 1980).

OBREGON LORIA, Rafael. Conflictos militares y políticos en Costa Rica. (San José, Imprenta Nacional, 1951).

OFICINA DEL CAFE. Informe de labores, edición especial 25 aniversarios. (San José, 1974).

ORTEGA G., Antonio. "Situación demográfica actual de Costa Rica y perspectivas futuras". Sexto Seminario Nacional de Demografía. (Heredia, 1976).

PETERS SOLORZANO, Gertrud. La formación territorial de las grandes fincas de café en ia meseta central: estudio de ia firma Tournón 1872-1955. (San José: Tesis Facultad de Ciencias Sociales, Universidad de Costa Rica, 1979).

PARDINAS, Felipe. Metodología y técnica de investigación en ciencias sociales. 16ava. Edición, México: Editorial Siglo XXI, 1976).

PRELOT, Marcel. La ciencia política. (7a. Edición, Buenos Aires: EUDEBA, 1976).

PARSONS, Talcott. "El aspecto político de la estructura y el proceso social". David Easton, enfoques sobre teoría política. (Buenos Aires: Amorrortu Editores, 1969).

PINAUD, José María. La epopeya del civismo costarricense, ei 7 de noviembre de 1889. (San José: Ministerio de Cultura, 1979).

PERALTA, Hernán G. Las constituciones de Costa Rica. Madrid: Gráficas Benzal, 1962).

QUIJANO QUESADA, Alberto. Costa Rica ayer y hoy (1800-1939). (San José: Editorial Borrasé Hnos., 1939).

ROMERO PEREZ, Jorge. La socialdemocracia en Costa Rica. (San José: Editorial Trejos Hnos., 1977).

ROSENBERG, Mark B. "La política social del Estado y la cuestión social en Costa Rica (1845-1939)". Revista de historia No.4. (Heredia: U. N. A., 1977).

REVISTA DE LA ACADEMIA DE CIENCIAS GENEALOGICAS, No.2, agosto. (San José, 1978).

No.21, diciembre. (San José, 1974).

No.25, noviembre. (San José, 1978).

RODRIGUEZ ZAMORA, José Miguel. "Política y religión: La función de la Iglesia Católica en Costa Rica". Revista de Ciencias Sociales N? 13. (San José: Universidad de Costa Rica, 1977).

RODRIGUEZ VEGA, Eugenio. Biografía de Costa Rica, (San José: Editorial Costa Rica, 1980).

RUSK, Dean. "Declaraciones del Secretario de Estado en el Congreso de los Estados Unidos". Exodo de profesionales y técnicos en ios países latinoamericanos. (Panamá: CIECC-OEA, 1972).

RAMIREZ BOZA, Mario A. y SOLIS AVENDAÑO, Manuel. Ei desarrollo capitalista en la industria costarricense (1850-1930). 2 vols. (San José: Tesis, Facultad de Ciencias Sociales, Universidad de Costa Rica, 1979).

ROJAS SOLANO, Héctor. El café en Costa Rica. (2a. Edición, San José: Oficina del Café, 1972).

SANABRIA MARTINEZ, Víctor. "Genealogías de Cartago hasta 1850. (Introducción)". Población de Costa Rica y orígenes de los costarricenses. (San José: Editorial Costa Rica, 1977).

SALAZAR NAVARRETE, José Manuel. Tierras y colonización en Costa Rica. (San José: Tesis, Facultad de Derecho, Universidad de Costa Rica, 1962).

SQUIER, George. "Los Estados de Centroamérica". Ricardo Fernández Guardia, Costa Rica en el siglo XIX. (2a. Edición, San José, Editorial Costa Rica, 1970).

SAENZ MAROTO, Alberto. Historia agrícola de Costa Rica. (San José: Universidad de Costa Rica, 1970).

STOLPER, Gustav. Historia económica de Alemania. 2 vols. (México, Fondo de Cultura Económica, 1942).

STEPHENS, John Lloyd. Incidentes de viaje en Centroamérica. (2a. Edición, San José, EDUCA, 1971).

SAUTER, Franz. "Contribución del alemán y su influencia en el desarrollo de Costa Rica" Periódico La Nación. 6 de junio. (San José, 1977).

SIBAJA, Minor. "Historia del café". Periódico "La República. (San José, 28 de noviembre de 1976).

SEGUI GONZALEZ, Luis. La inmigración y su contribución ai desarrollo, (Caracas: Monte Avila Editores, 1969).

"La cooperación internacional en la migración". International Migration. Vol. XIV, N? 3. (Holanda: CIME, 19767.

STEIN, Stanley J. y STEIN, Bárbara. La herencia colonial en América Latina. (5a. Edición, México: Editorial Siglo XXI, 1973).

SAITO, Hiroshi. "The integration of the japanese and their desecendants in brazilian society". International Migration. Vol. XIV, N? 3. (Holanda: CIME, 1976).

STONE, Samuel. La dinastía de ios conquistadores. (San José: EDUCA, 1975).

"Algunos aspectos de la distribución del poder polí- co en Costa Rica". Revista de Ciencias Jurídicas No.17. (San José: Universidad de Costa Rica, 1971).

"Los cafetaleros". Lecturas complementarias i. (San José: Facultad de Ciencias Sociales, Universidad de Costa Rica, 1977).

"Las convulsiones del Istmo Centroamericano". Estudios N? 1. (San José: CIAPA, 1979).

"El surgimiento de los que mandan". Estudios N°5 (San José: CIAPA, 1980).

SELIGSON, Mitchell Alian. Ei campesino y el capitalismo agrario de Costa Rica. (San José: Editorial Costa Rica, 1980).

SCHMIDT, Annabelle. Los extranjeros en Costa Rica. (San José: Comité Nacional de Población, 1979).

SOLEY GÜELL, Tomás. Compendio de historia económica y hacendaría de Costa Rica. (2a. Edición. Editorial Costa Rica, 1975).

Historia económica y hacendaría de Costa Rica. (San José; Editorial Universitaria, 1947).

TORRES RIVAS, Edelberto. "Síntesis histórica del proceso político" Centroaméríca hoy (2a. edición, México: Editorial Siglo XIX, 1976).

TRISTAN, Jorge A. Historia del Poder Ejecutivo en Costa Rica (1821-1902}. (San José: Tesis, Universidad de Costa Rica, 1970).

VEGA CARBALLO, José Luis. Hacia una interpretación de! desarrollo costarricense: Ensayo sociológico. (San José: Editorial Porvenir, S. A., 1980).

VILLALOBOS VEGA, Bernardo. Bancos Emisores y Bancos Hipotecarios en Costa Rica 1850-1910). (San José: Editorial Costa Rica, 1981).

VILLALTA MONTES, Francisco. Emigración y Sociedad en Costa Rica. (Heredia: IDESPQ, 1979).

VILLEGAS ANTILLON, Rafael. "El Registro Civil y el Proceso Electoral en Costa Rica". Estudios Nos. 2 y 3. (San José: CIAPA, 1979).

VICENZI, Atilio. Leyes de extranjería, naturalización, migración y sus reglamentos. (San José: Lehmann Editores, 1979).

WAGNER, Moritz y SCHERZER, Cari. La República de Costa Rica en la América Central, 2 Vols. (San José: Ministerio de Cultura, 1974).

WILKIE, Marie B. The Lebanese in Costa Rica (Wisconsin: trabajo inédito Universidad de Wisconsin, 1969).

ZELAYA G. Chester comp. Costa Rica Contemporánea. 2 Vols.(San José: Editorial Costa Rica, 1979).

ZIPSER, Ekkehard y FRÒSCHLE, Hartmut. "Die Deutschen in Guatemala" Hartmut Fròschle Die Deutschen in Lateinamerika (Ba- sel: Horts Erdemann Verlag,
1979).

196

Eugenio Herrera Balharry es Politólogo por la Escuela de Ciencias Políticas de la Unuversidad de Costa Rica y Administrador de Proyectos por la Escuela Interamericana de Administración Pública de la Fundación Getúlio Vargas, Brasil.

En Costa Rica ha sido funcionario público en diversos Ministerios e Instituciones Autónomas, así como Asesor Legislativo en varias legislaturas. Docente universitario, Directivo de la Federación de Colegios Profesionales, miembro de la Junta Directiva del Sistema Nacional de Radio y Televisión Cultural, SINART.

Prestó sus servicios en organismos internacionales como ACNUR, OIM, OIT y PNUD, en Centroamérica y África por mas de una década.

Actualmente con un grupo de colaboradores tiene a su cargo el medio digital La Revista CR.

La Revista CR es una publicación digital independiente, que nace a fines del 2016 y que viene a crear un espacio para la publicación de opiniones, críticas, información y actualidad nacional e internacional.

Quienes escriben, lo hacen pensando responsablemente en las aflicciones de la democracia bajo sus condiciones actuales, al visionar al mismo tiempo; con sentido crítico y optimismo, el futuro de los más jóvenes.

La primera gran tarea entonces, al trazar la ruta por la que pretendemos transitar con La Revista, es que la intención de mejora sea simplemente diáfana, con la participación de muchas manos y distintas voces. No es tarde del todo para crear una nueva narrativa en nuestro entorno; adaptada a los tiempos y las circunstancias. Es cuestión de hacerlo y es cuestión de asumir responsabilidad.

La Revista CR, medio de comunicación digital orientado a la opinión sería, independiente y calificada, ofrece a los lectores publicaciones derivadas de compendios de ediciones especiales, como obras literarias de diversos géneros.

La misión informativa de La Revista CR, se amplía por medio de los esfuerzos editoriales para permitirle a autores y lectores tener acceso a importantes obras de la creación intelectual.

El libro de Eugenio Herrera Balharry, forma parte de la colección que hemos venido desarrollando para usted, permitiendo a la audiencia acceder a obras individuales y colectivas, desde dispositivos electrónicos hasta sus propias bibliotecas.

San José, Costa Rica, 2022.

1. Colectivo: "Sin ejército: La abolición del ejercito en Costa Rica - 28 opiniones"
2. Colectivo: "Del 2020 al 2021: Treinta opiniones"
3. Eugenio Herrera Balharry, "Los inmigrantes y el poder en Costa Rica: La inmigración alemana, inglesa y estadounidense"
4. Colectivo: "Estados Unidos 2020: Conmemoración de los 244 años de su independencia"
5. Colectivo: "Costa Rica en la OCDE: Una perspectiva desde el CINPE-UNA"
6. Colectivo: "En el Día Internacional de la Mujer: 26 Comentarios"
7. Álvaro Salas Chaves, "Experiencias de un médico: Cuentos de la vida hospitalaria"
8. Editoriales 2017-2018-2019-2020: "Un recorrido por las líneas de La Revista"
9. Myriam Bustos Arratía, "Los ruidos y Julia"
10. Luis Fernando Astorga Gatjens, "Batalla sin tregua"
11. Entrevistas con el Dr. Guido Miranda: "La historia de la Seguridad Social y su adopción en Costa Rica"
12. Rodrigo Madrigal Montealegre, "Reflexiones políticas"
13. Julio Revollo Acosta, "Relatos cortos"
14. Guillermo Barquero Chacón, "Tras las huellas de mi memoria"
15. Guillermo Barquero Chacón, "In the loose footprint of my memory"